책세상문고 · 고전의 세계

도덕 형이상학을 위한 기초 놓기

GRUNDLEGUNG ZUR METAPHYSIK DER SITTEN

도덕 형이상학을 위한 기초 놓기

GRUNDLEGUNG ZUR METAPHYSIK DER SITTEN

이마누엘 칸트 지음

·

이원봉 옮김

책세상

일러두기

1. 이 책은 칸트Immanuel Kant의 《도덕 형이상학을 위한 기초 놓기*Grundlegung zur Metaphysik der Sitten*》(1785)를 완역한 것이다.

2. 베를린 학술원판 《칸트 전집*Akademie-Ausgabe, Kants gesammelte Schriften*》[(Berlin und Leipzig : 1902), Bd. IV]을 번역 대본으로 사용했고, 빌헬름 바이셰델Wilhelm Weischedel이 편찬한 《칸트 전집*Kant Werke*》[(Wissen-schaftliche Buchgesellschaft : Darmstadt, 1983), Bd. VII]을 참고했다. 원문과 번역문의 대조가 편리하도록 본문 옆에 학술원판 4권의 쪽수를 표기했다.

3. 번역하면서 독일어 원문 외에 기존의 한국어 번역판과 영어 번역판을 참고했다. 참고한 한국어 번역판은 최재희가 옮긴 《실천이성 비판》(박영사, 1975) 중 <도덕 철학 서론>과 박태흔이 옮긴 《칸트 도덕 형이상학》(형설출판사, 1991)이다. 참고한 영어본은 메리 그레거Mary J. Gregor가 옮기고 편집한 *Immanuel Kant Practical Philosophy*(Cambridge : Cambridge Univ. Press, 1996) 중 "Groundwork of the Metaphysics of Morals", 페이튼H. J. Paton의 *The Moral Law*(London : Hutchinson Univ. Library, 1965), 오토 만테이 초른Otto Manthey-Zorn의 *The Fundamental Principles of the Metaphysics of Ethics* (New York : Appleton-century-crofts. Inc., 1938)이다.

4. 주는 칸트의 주와 옮긴이의 주 두 가지로, 원문의 주는 각주이지만 번역문에서는 후주로 처리했다. 칸트의 주는 '(저자주)'로, 옮긴이의 주는 '(옮긴이주)'로 표기했다. 단 해제의 주는 모두 옮긴이주라 따로 표기하지 않았다.

5. ( ) 안의 글은 원문의 이해를 돕기 위해 옮긴이가 보충하거나 설명한 것이다.

6. 원서에서 자간을 벌여서 표기되어 있는 부분은 고딕체로, 진하게 쓰인 부분은 굵게 처리했다.

7. 원문에는 ' '가 없다. 번역문에 사용된 ' '는 모두 문장을 정확히 이해하기 위해 필요한 경우 옮긴이가 붙였다.

8. 주요 인명과 책명은 처음 한 번에 한하여 원어를 병기했다.

도덕 형이상학을 위한 기초 놓기 | 차례

　오늘날 우리는 인간 복제, 안락사, 낙태, 동물의 권리, 사형 제도, 테러리즘, 동성애 등 수많은 도덕적 문제에 부딪히며 살아가고 있다. 아니, 인간이라면 어느 시대 어느 곳에 살든 올바른 행위를 해야 한다는 도덕적 요구를 피할 수 없고, 현대 사회라고 해서 그 요구가 더하지도 덜하지도 않을 것이다. 하지만 무엇이 옳은지에 대해 인간 외에는 그 무엇도 절대적 권위를 행사할 수 없는 '인간 중심'의 세계관이 지배하는 현대 사회에서 과연 '무엇이 옳은지'를 알아내는 것은 그 어느 시대보다 어려운 과제가 아닐 수 없다.

　'도덕성'이 어디에 있는지를 찾기보다, 오히려 도대체 도덕성이라는 것이 있기나 할까 하는 회의에 빠지기가 더 쉬운 것은, 그토록 치열한 논쟁을 거쳐도 '도덕의 문제'는 여전히 문제로 남아 있고, 그래도 우리는 여전히 아무런 문제 없이 살아가고 있다는 사실 때문일 것이다. 어쩌면 도덕성은 문화에 따라, 계급에 따라, 집단에 따라, 개인에 따라 상대적으로 주어지는 것일지도 모르고, 아니면 애당초 도덕성이 있다는 생각 자체가 인간의 오만과 허영에서 비롯한 '망상'일지도 모른다. 그러나 도덕성은 우리의 마음을 울린다. 물에 빠진 아이를 구하고 정작 자신은 죽어간 젊은 청년의 이야기에서, 아무런 대가도 바라지 않고 가난한 사람들을 위해 평생을 바친 사람들의 삶에서, 극심한 장애를 딛고 꿋꿋이 살아가는 사람에게서, 모진 정치적 박해를 받으면서도 자신의 원칙을 지키는 사람들의 결연한 의지에서, 가난하지만 정직하게 살아가는 이웃에게서 우리는 매일매일 도덕성을 확인하며 살아간다.

수많은 도덕 철학자들의 논쟁과는 상관없이, 우리가 매일매일의 삶 속에서 확인하고 존경심을 표하는 이 '도덕성'이야말로 칸트Immanuel Kant가 도덕 철학의 출발점으로 삼은 바로 그것이다. 도덕성을 찾기 위해서, 그리고 그것이 '망상'이 아니라는 것을 증명하기 위해서는 인간성을 뛰어넘는 어떤 거창하고 대단한 근거가 있어야 하는 것이 아니라, 우리가 지닌 일상적이고 평범한 '도덕 의식'만 있으면 된다. 칸트는 만약 이 세상에 '도덕성'이라는 것이 있다면, 그것은 지금 우리가 느끼고 있는 바로 그 도덕성일 것이고, 또 그래야만 한다고 믿는다. 도덕 철학이 할 수 있는 것은, 우리가 어떤 행위를 '도덕적'이라고 평가하고 그 가치를 존경할 때, 거기서 우리가 궁극적으로 존경하는 것은 무엇인지, 다시 말해 어떤 행위를 도덕적인 것으로 여기게 하는 근거는 무엇인지를 밝히는 것이다. 그리고 그 '도덕성의 근거'가 어떻게 인간을 움직여 '도덕적 행위'로 나아갈 수 있게 하는지를 밝히는 것이다. 우리가 매일매일 경험하는 평범한 도덕 의식에서 출발하여 그것의 확실한 기초를 확인함으로써 다시는 섣부른 회의에 빠지지 않게 하려는 것, 이것이 칸트의 《도덕 형이상학을 위한 기초 놓기 *Grundlegung zur Metaphysik der Sitten*》가 노리고 있는 전부다.

칸트는 세계를 수학과 수학에 근거한 물리학으로 해석할 수 있다고 믿는 근대 과학의 자신감 속에서 자라났고, 그 자신이 철학자이면서 수학자이며 천체물리학자였다. 그런가 하면 그는 자유와 평등, 인간성에 대한 믿음(연대, 우애)을 이념으로 하는 프랑스 대혁명의 기운이 무르익어가던 격동의 시대를, 쾨니히스베르크라는 프로이센의 조그마한 도시에서 마구상의 아들로, 가정 교사로, 시간 강사로, 철학 교수로 살아갔다. 그는 한편으로는 근대 과학의 결정론적 세계관 속에서, 무수한 원인과 결과의 한 고리로서만 존재하는 인간으로 살아야 했지만, 다른 한편으로는 모든 권위와 억압에서 자신을 자유롭게 해방하고 자신이 자신을 지배하는 (자율적인) 민주적 공화국의 시민으로 살고 싶어 했다. 이렇게 두 세계의 일원으로 살아가야 하는 긴장이 칸트의 도덕 철학을 형성시킨 배경이다.

원인과 결과의 연쇄로 결정되어 있는 세계에서 자기의 삶을 스스로 결정하면서 자유롭게 살아가기 위해 칸트는 인간을 두 가지 관점에서 바라본다. 인간은 자기 자신을, 한편으로는 자연과학의 인과성의 법칙이 필연적으로 지배하는 세계에 사는 탓에 자기의 모든 행위의 결정이 이미 다른 원인들에 의해 결정되어 있는 '감성계'의 시민으로 바라보아야 하지만, 다른 한편으로는 자기가 지켜야 할 법칙을 스스로 만들어내는 인간으로, 자신뿐만 아니라 '목적 그 자체'인 모든 이성적인 존재들에게 적용되는 그 법칙을 따르는 인간으로서, 모든 자연 법칙을 떠나서 자기의 행위를 자기가 결정하는 자유로운 존재들로 이루어진 '지성계'의 시민으로서의 인간으로 바라보아야 한다. 인간에 대해 이런 두 가지 관점을 가질 때, 사람들이 숭고한 도덕적 행위에 숨겨져 있을지도 모를 천박한 자기 이익의 동기에 대해 수군대면서도, 막상 도덕적 행위를 접하면 여전히 마음 깊은 곳에서 우러나온 '존경심'을 나타내는 이유를 이해할 수 있다. 이것은 또한 도덕적 행위를 구체적으로 실천할 때 스스로를 자유로운 존재로 여기고 도덕적 결단을 내리는 인간 존재가 자신의 내부에서 일어나는 갈등을 이해할 수 있는 열쇠이다.

일상적인 평범한 도덕 인식에서 출발하여 그런 인식의 근거를 행위의 '동기', 즉 '의무감'에서 찾고, '의무이기 때문에' 행위할 수 있기 위해서는 인간에게 '자유'가 있을 수밖에 없다는 것을 분석해내고, '자유로운' 이성적 존재들로 이루어진 공동체에 참여하고 싶다는 '도덕적 관심'이 인간으로 하여금 행복해지고 싶다는 강한 욕구(행복의 관심)를 물리치고 '도덕적 행위'를 하게 만들 수 있다고 말하는 칸트의 사유 방식을 모두 따라가기는 힘들지도 모른다. 그러나 칸트가 인간성의 절대적 가치와 도덕적 인간의 자율성에 대해 보여주는 무한한 신뢰는, 인간에 대한 불신과 좌절에서 비롯한 현대 사회의 도덕적 혼란을 극복하는 하나의 길이 될 수 있을 것이다.

《도덕 형이상학을 위한 기초 놓기》는 칸트의 주저인 《순수 이성 비판Kritik der reinen Vernunft》(1781)이 출판된 지 4년 뒤인 1785년에 출판되었다. 칸트는 오랜 침묵 끝에 《도덕 형이상학을 위한 기초 놓기》를 통해 자신의 도덕 철학을 완결된 저서의 형태로 내놓았고, 그 뒤로 《실천 이성비판Kritik der praktischen Vernunft》(1788)과 《도덕 형이상학Die Metaphysik der Sitten》(1797)이 발표됨으로써 그의 도덕 철학의 전 체계가 완성되었다. 난해하기로 유명한 칸트의 다른 저작들에 비해 《도덕 형이상학을 위한 기초 놓기》는 비교적 힘들이지 않고 읽을 수 있으며, 특히 제1장과 제2장은 칸트의 이론 철학에 대한 예비 지식 없이도 무리없이 읽을 수 있다. 우리가 일상적으로 경험하는 '도덕성'을 출발점으로 삼았기 때문에 쉽게 이해할 수 있으며, 칸트의 도덕 철학의 핵심적인 사상이 빠짐없이 전개되고 있다는 점, 그리고 그의 다른 저서들에 비해 분량이 적다는 점 때문에《도덕 형이상학을 위한 기초 놓기》는 칸트의 도덕 철학을 이해하는 데 그야말로 기초가 되어왔다. 모든 위대한 사상이 그렇듯, 칸트의 도덕 철학 역시 시대의 흐름에 따라 새로운 의미로 해석되고 비판받아왔다. 하지만 인간이 겪는 '도덕적 문제'를 진지하게 생각해보려는 사람이라면 누구나 칸트의 도덕 철학을 비판하거나 수용할 수밖에 없다. 최소한 무시하고 지나갈 수는 없다. 이것만으로도 오늘의 우리가《도덕 형이상학을 위한 기초 놓기》를 읽어야 하는 충분한 이유가 될 것이다.

쉽게 읽히는 고전이 되게 하리라는 큰 의욕을 갖고 시작한 번역 작업이 옮긴이의 부족함만을 확인하는 계기가 되었고, 그런 점에서 앞으로의 학문연구에 큰 자극이 될 것이다. 이런 좋은 기회를 마련해준 책세상에 이 자리를 빌려 감사의 뜻을 전하고 싶다. 그리고 이 번역이 있기까지, 철학의 길로 이끌어주고 보살펴주신 서강대 철학과 교수님들과 선배님들께 감사드린다.

옮긴이 이원봉

머리말

고대 그리스 철학은 세 가지 학문, 즉 **자연학, 윤리학, 논리**
학으로 나뉘어 있었다. 이런 분류는 주제의 본성에 완벽하게
들어맞아서, 더 개선할 점은 없고 다만 분류의 원칙만 덧붙
이면 된다. 그렇게 함으로써 그 분류를 확실하게 완성하고,
그리고 반드시 필요한 하위 분류를 올바르게 정할 수 있을
것이다.

이성의 모든 인식은 내용적이어서 어떤 한 객체에 눈을 돌
리거나, 아니면 형식적이어서 객체를 가리지 않고 지성과 이
성 그 자체의 형식, 그리고 사유 일반überhaupt[1]의 보편적 규
칙에만 몰두하거나 한다. 형식적인 철학은 **논리학**으로 불리
지만, 내용적인 철학은 특정한 대상과 그 대상이 따르는 법
칙에 관련되고, 다시 두 가지로 나뉜다. 왜냐하면 이 법칙들
이 **자연**의 법칙이거나 아니면 자유의 법칙이기 때문이다. 자
연의 법칙에 관한 학문은 **자연학**이고, 자유의 법칙에 관한
학문은 **윤리학**이다. 앞의 것을 자연론, 뒤의 것을 도덕론이

도덕 형이상학을 위한 기초 놓기 15

라 부르기도 한다.

　논리학은 경험적인 부분, 즉 보편적이고 필연적인 사유의 법칙이 경험에서 가져온 근거에 의지하는 그런 부분이 전혀 없다. 그런 경험적인 부분이 있다면, 지성이나 이성을 위한 규준, 모든 사유에 적용되고 증명되어야 하는 규준인 논리학이 아닐 것이기 때문이다. 이와 반대로 자연 철학이나 도덕 철학은 모두 경험적인 부분을 가질 수 있다. 자연 철학은 경험의 대상인 자연에게 법칙을 정해주어야 하고, 도덕 철학은 본성에 영향을 받는 한에서 인간 의지에게 법칙을 정해주어야 하기 때문이다. 앞의 법칙은 그것에 따라 모든 것이 발생하는 법칙이고, 뒤의 법칙은 종종 일어나지 않는 조건을 고려하기도 하지만 어쨌든 그것에 따라 모든 것이 발생해야만 하는 법칙이다.

388

　경험이라는 근거에 발을 딛고 있는 모든 철학은 경험적인 철학이라고 부를 수 있고, 반면에 오직 선험적a priori² 원칙들로만 가르침을 제시하는 모든 철학은 순수한 철학이라고 부를 수 있다. 그 순수한 철학이 단지 형식적이기만 하다면 논리학이라고 한다. 반면에 지성Verstand³의 특정한 대상들에 한정된다면 형이상학이라고 한다.

　이렇게 해서 자연 형이상학과 도덕 형이상학이라는 두 가지 형이상학 개념이 생겨난다. 자연학은 경험적인 부분도 갖지만, 이성적인 부분 또한 갖는다. 윤리학도 마찬가지일 텐데,

윤리학에서는 특히 경험적인 부분을 실천적 인간학이라고 하고, 이성적인 부분을 원래의 도덕Moral[4]이라 할 수 있을 것이다.

모든 산업, 수공업, 기술은 일의 구분을 통해 얻어졌다. 다시 말해 한 사람이 모든 일을 하는 것이 아니라, 어떤 일을 아주 완벽하게, 그리고 더욱 쉽게 해내기 위해 그 취급 방식이 다른 일과 뚜렷이 구별되는 일에 각자가 몰두함으로써 얻어졌다. 일이 그렇게 구별이나 구분이 되지 않아 한 사람 한 사람이 만능 기술자인 곳에서는 아직도 산업이 미개한 상태에 있다. 그래서 이렇게 묻는 것은 그 자체로 곰곰이 생각할 가치가 있을 것이다. 즉 순수한 철학이 자신의 모든 분야에서 특별한 사람을 요구하는 게 아닐까, 그리고 대중의 입맛에 맞춰 자신도 알지 못하는 갖가지 관련성에 따라 경험적인 것을 이성적인 것에 섞어 파는 일에 익숙하면서도 자신을 '스스로 사유하는 사람'이라 부르고, 오직 이성적인 부분만을 다루는 다른 사람들을 '따지기 좋아하는 사람들'이라 부르는 사람에게, 다루는 방식이 전혀 달라서 그 각각에는 특별한 재능이 요구될 것 같고, 한 사람이 다 하면 제대로 해내지 못하는 그런 두 가지 일[경험적인 부분을 이루는 일과 이성적인 부분을 다루는 일]에 동시에 종사하지 말라고 충고한다면 학문계 전체가 더 나아지는 게 아닐까 하고 묻는 것이다. 여기서 나는 다만 학문의 본성이 이성적인 부분에서 경험적인 부분을 매번 조심스럽게 분리해내라고, 그리고 원래의 (경험적인) 자연학에 앞서 자연 형이상학을, 실천적 인간학에 앞서 도덕 형이상학을 내세우라고 요구하는 게 아닐까 하고

묻는다. 순수 이성이 두 경우[자연 형이상학과 도덕 형이상학]에서 얼마나 성취를 이룰 수 있는지, 그리고 자신의 가르침을 어떤 원천에서 선험적으로 길어내는지를 알기 위해, 그 두 형이상학에서 모든 경험적인 것을 조심스럽게 털어내야만 한다. 특히 도덕 형이상학의 일은 모든 도덕 교사들이나 (그들의 이름은 무수히 많다), 또는 그 일에 소명을 느끼는 몇몇 사람이 해내야 할 것이다.

여기서 나는 원래 도덕 철학을 염두에 두고 있으므로, 앞서 제기된 물음을 이렇게 한정한다. 즉 사람들이, 단지 경험적인 것이고 그래서 인간학에 속하는 모든 것들을 완전히 털어낸 순수한 도덕 철학을 한 번 다루는 것이 매우 필요하다고 생각하지 않을까 하는 물음이다. 왜냐하면 그런 순수한 도덕 철학이 있어야 한다는 것은 의무와 도덕 법칙이라는 이념이 [모든 사람에게] 공통적이라는 것만 보더라도 분명하기 때문이다. 어떤 법칙이 도덕적으로, 즉 어떤 구속력의 근거로 유효하려면 절대적 필연성을 띠고 있어야만 한다는 것은 명백하다. 예를 들어 '거짓말하지 말라'는 금지는, [인간이 아닌] 다른 이성적인 존재들은 그것에 구애받지 않는다 해도 인간에게만 적용되는 것은 아니며[이성적인 존재 모두

에게 적용된다], 원래 도덕 법칙이라고 하는 그 외 모든 것들도 그렇다. 따라서 여기서 구속력의 근거는 인간의 본성이나 인간을 포함하고 있는 세상의 형편 안에서가 아니라, 오로지 순수한 이성의 개념들 안에서 선험적으로 찾아져야만 한다. 오직 경험에서 나온 원칙에 근거한 다른 모든 지시는, 더 나아가 어떤 점에서는 보편적이기도 한 지시라도, 그것이 아주 작은 부분, 즉 단 하나의 동인이라도 경험적인 근거에 몸을 맡기는 한 실용적 규칙이라 부를 수는 있겠지만 결코 도덕 법칙이라고 부를 수는 없다.

그래서 모든 실천적 인식 중에서 도덕 법칙과 그 원칙들은 경험적인 것이 들어 있는 다른 모든 것들과 본질적으로 구별되며, 모든 도덕 철학은 완전히 그 순수한 부분에만 근거를 둔다. 그리고 인간에게 적용될 때, 도덕 철학은 인간에 대한 지식(인간학)에서는 아무리 작은 것이라도 빌려오지 않고, 오히려 이성적 존재인 인간에게 선험적으로 법칙을 준다. 물론 그 선험적인 법칙도 여전히 경험을 통해 날카로워진 판단력을 요구하는데, 한편으로는 어떤 경우에 그 법칙을 적용해야 하는지 결정하기 위해서, 다른 한편으로는 인간의 의지가 그 법칙을 실행하는 데 힘이 되기 위해서이다. 왜냐하면 인간 그 자체는 갖가지 경향성Neigung[5]에 영향을 받아서, [그 법칙을 실행하는 것이] 실천적인 순수한 이성이라는 이념[으로서의 인간]에게는 가능하다 해도, 그 법칙을 자신의 생활 태도에 '구체적으로' 실현하는 것이 쉽지는 않기 때문이다.

따라서 도덕 형이상학은 필연적일 수밖에 없다. 그 이유는 우리의 이성 안에 선험적으로 놓여 있는 실천적 근본 법칙Grundsatz⁶들이 어디서 나오는지 탐구하려는 이론적 사유[사변]가 움직이기 때문이기도 하고, 도덕을 올바르게 평가할 실마리와 최상의 규범이 없는 한 도덕 자체가 온갖 타락에서 벗어나지 못하기 때문이기도 하다. 도덕적으로 선하다고 할 만한 것은 '도덕 법칙에 맞는' 것으로는 충분하지 않고 '도덕 법칙을 위해서' 생겨나야 한다. 그렇지 않다면 도덕 법칙에 '맞는다는 것'은 아주 우연적일 뿐이고 의심스러운데, 때로는 도덕적이지 않은 근거에서 도덕 법칙에 맞는 행위가 일어나기도 하지만, 이렇듯 도덕적이지 않은 근거에서는 도덕 법칙에 어긋나는 행위가 더 자주 일어나기 때문이다. 그렇기 때문에 순수하고 참된(이것이야말로 실천에서 가장 중요하다) 도덕 법칙은 오직 순수한 철학에서만 찾을 수 있으며, 그러므로 순수한 철학(형이상학)이 먼저 와야 하고, 그것 없이는 어떠한 도덕 철학도 있을 수 없다. 순수한 원칙에 경험적인 원칙을 섞는 것은 철학이라는 이름을 얻을 만하지 못하고(철학이 평범한 이성 인식과 구별되는 점은 바로, 평범한 이성 인식이 뒤죽박죽으로 파악한 것을 철학은 정돈된 학문으로 제시한다는 데 있다), 하물며 도덕 철학이라는 이름은 말할 것도 없다. 그런 것은 바로 이렇게 뒤죽박죽이기 때문에 도덕 자체의 순수성을 손상시키고, 자기 자신의 목적과는 반대로 나아가기 때문이다.

그런데 유명한 볼프Christian Wolff [7]가 이미 자신의 도덕 철학에 대한 입문에, 즉 그가 '일반 실천 철학'이라 부른 것에 여기서 요구된 것을 넣었기 때문에 완전히 새로운 [도덕 철학의] 영역을 개척해야 하는 것은 아니라고 생각해서는 결코 안 된다. '일반적인' 실천 철학이 되어야 한다는 바로 그 이유 때문에, 볼프의 도덕 철학은 어떤 특별한 종류의 의지, 아무런 경험적인 동인 없이 전적으로 선험적인 원칙들에서 결정되는, 순수한 의지라고 부를 수 있는 그런 의지를 고찰하지 않고 '하려고 한다Wollen [8][의욕]'는 것 전부를 고찰하면서, 일반적인 의미의 '하려고 한다'에 속하는 모든 행위와 조건을 함께 고찰한다. 그렇기 때문에 볼프의 도덕 철학은 도덕 형이상학과 구별되는데, 일반 논리학과 초월 철학이 구별되는 것과 마찬가지다. 일반 논리학은 사유 일반의 행위와 규칙을 제시하지만, 초월 철학은 순수한 사유의 특별한 행위와 규칙만을 제시한다. 왜냐하면 도덕 형이상학은 가능한 순수한 의지의 이념과 원칙들을 탐구해야지, 인간이기 때문에 '하려고 하는' 행위와 조건들을 탐구해서는 안 되는데, 이것은 대부분 심리학에서 만들어지기 때문이다. 일반적 실천 철학도 (아무런 자격도 없긴 하지만) 도덕 법칙과 의무에 대해 말한다고 해서 나의 주장이 반박되지는 않는다. 왜냐하면 일반 391

적 실천 철학의 저자들 역시 이 점에서 그 학문의 이념에 충실하기 때문이다. 그들은, 오직 이성을 통해서만 순전히 선험적으로 표상되기 때문에 원래 도덕적인 동기들과, 지성이 단지 경험들만을 비교해서 일반적 개념으로 끌어올린 경험적인 동기들을 구별하지 않는다. 오히려 그들은 동기의 원천들이 다르다는 것은 무시하고, 그것의 총합이 큰지 작은지에 따라서만(모든 동기들을 동일한 것으로 보면서) 동기들을 고찰한다. 그렇게 함으로써 구속력[의무 지움Verbindlichkeit]이라는 자기들의 개념을 만드는데, 당연히 이것은 전혀 도덕적일 수 없다. 이것은 가능한 모든 실천적 개념들의 기원에 대해 그것이 선험적으로 생겼는지 아니면 단지 후험적으로 생겼는지 전혀 판단하지 않는 철학에서만 추구될 수 있는 것이다.

훗날 도덕 형이상학을 내놓기에 앞서, 나는 이 '기초 놓기'를 먼저 내놓는다. 이미 출간된《순수 사변이성의 비판Kritik der reinen spekulativen Vernunft[순수 이성비판]》이 형이상학에 대한 '기초 놓기'인 것처럼 순수 실천이성의 비판은 바로 도덕 형이상학에 대한 기초 놓기일 것이다. 그렇지만 한편으로 순수 실천이성의 비판은 순수 사변이성의 비판만큼 그다지 필요하지는 않은데, 왜냐하면 인간 이성을 이론적으로 순수하게 사용할 때는 매우 변증적이지만, 도덕적인 것에서는 아주 평범한 지성이라 해도 쉽게 정확하고 충분히 사용할 수 있기 때문이다. 다른 한편 나는 순수 실천이성의 비판이 완성

될 경우, 그것이 실천이성과 사변이성이 공통의 원칙 안에서 하나임을 보여줄 수 있기를 바란다. 왜냐하면 결국은 적용될 때만 구별될 뿐인, 동일한 하나의 이성만이 있기 때문이다. 그러나 여기서 나는 그렇게 완벽하게 할 수는 없는데, 그렇게 하려면 전혀 다른 방식을 고려해야 하고 독자를 혼란스럽게 하기 때문이다. 그래서 나는 순수 실천이성 비판이라고 이름 짓는 대신에, 도덕 형이상학을 위한 기초 놓기라는 이름을 쓴다.

그러나 셋째로 도덕 형이상학은 그 거창한 이름에도 불구하고 평범한 지성에게 상당한 인기를 끌고 그 구미에 맞을 수 있기 때문에, 도덕 형이상학의 기초를 준비하는 일을 도덕 형이상학에서 구분하는 것이 유용하다. 그렇게 함으로써 392 기초를 준비할 때는 도무지 알 수 없는 정교한 것들을, 앞으로 나오게 될 더 쉽게 이해할 수 있는 이론[도덕 형이상학]에는 덧붙이지 않을 수 있을 것이다.

그러나 지금의 '기초 놓기'는 바로 도덕성의 최상의 원칙을 찾아 확정하는 것인데, 이것이 '기초 놓기'가 의도하는 전부이고 다른 모든 도덕적 탐구와 다른 점이다. 중요하면서도 아직 만족스럽게 논의되지 못한 이 근본 문제[도덕성의 최상의 원칙을 찾아 확정하는 것]에 대한 나의 주장은, 바로 그 원칙을 체계 전체에 적용해보면 아주 분명해질 것이고, 도처에서 그 원칙이 충분해 보이기 때문에 확실하게 확인될 것이다. 그렇지만 근본적으로 공공에 유용하기보다는 나의 이익에 맞다고 할 만한 이러한 이득[원칙을 적용하는 일의 이득]을 포기해야 할 것이다. 왜냐하면 한 원칙이 손쉽게 사용할 수 있고 그것으로 충분해 보인다는 것이 그 원칙이 옳다는 것을 확실하게 증명하는 것은 아니며, 오히려 결과를 전혀 고려하지 않고 아주 엄밀하게 탐구하고 숙고하는 것에 대한 [그것이 부질없다는] 편견을 낳기 때문이다.

내 생각에, 이 글에서 내가 취한 방법은, 평범한 인식에서 출발해 그것의 최상의 원칙을 규정하는 데로 분석해나가고, 그런 다음 그 원칙을 검토해서 그 원칙의 원천으로부터 그것이 사용되는 일상적 인식으로 종합해나가기에 가장 알맞은 방법이다. 따라서 그 구분은 다음과 같다.

1. 제1장 : 도덕에 대한 평범한 이성 인식에서 철학적 이성 인식으로 넘어감.

2. 제2장 : 대중적인 도덕 철학에서 도덕 형이상학으로 넘어감.

3. 제3장 : 도덕 형이상학에서 순수 실천이성 비판으로 넘어감.

도덕에 대한
평범한 이성 인식에서
철학적 이성 인식으로 넘어감

세상 안에서뿐만 아니라 세상 밖에서조차도 제한 없이 선 393
하다고 여길 수 있는 것은 오직 **선한 의지**뿐이라고 생각할
수밖에 없다. 지성, 위트, 판단력 그리고 그 밖의 모든 정신의
재능은 선하며 바람직하다고 할 수 있고, 또는 단호함, 뜻한
바에 대한 끈기 같은 타고난 기질도 여러 가지 관점에서 선하
고 바람직하다는 것이 분명하다. 그러나 이것들은 의지가 선
하지 않다면 극도로 악하고 해로울 수도 있는데, 의지가 그
타고난 선물을 사용해야 하기 때문이다. 그래서 의지가 가진
고유한 성질을 품성이라 부른다. 행운의 선물도 사정은 마찬
가지다. 권력, 부, 존경, 심지어 건강, 그리고 아무 탈 없이 지
내는 것과 자기의 상태에 만족하는 것은 행복이라는 이름으
로 사람을 대담하게 한다. 그래서 만약 그것들이 심성에 미
치는 영향을 바로잡고 그렇게 함으로써 행위 원칙을 전부 바
로잡아 보편적이고 목적에 맞게 만드는 선한 의지가 없다면
때로는 사람을 오만하게 만들기도 한다. 이성적이고 공평한

제삼자는 순수하고 선한 점이 전혀 없는 존재가 계속 잘 사는 것을 보면서 결코 기뻐할 수 없다. 그래서 선한 의지는, 누군가가 행복을 누릴 만한 자격을 얻기 위해서 반드시 갖추어야 할 조건 자체인 것 같다는 것이 분명하다.

[앞에서 말한] 몇 가지 특성은 이 선한 의지 자체에 도움이 되기도 하고, 선한 의지가 하는 일을 아주 수월하게 할 수도 있다. 그럼에도 불구하고 그러한 특성들이 무조건적인 내적 가치를 갖는 것은 결코 아니며, 항상 선한 의지를 전제한다. 이 선한 의지는, 사람이 그런 특성들에 정당하게 갖는 존경마저도 제한하며, 그런 특성들을 절대적으로 선하다고 여기는 것을 허용하지 않는다. 흥분과 열정의 억제, 자제심, 냉철한 사려 등은 여러 가지 면에서 좋을 뿐 아니라, 인격의 내적 가치들 중 일부인 것처럼 보이기도 한다. 그렇지만 그것들이 아무런 제한 없이 선하다고 선언하기에는(옛날 사람들은 그렇게 무조건적으로 찬양했다) 부족한 것이 많다. 왜냐하면 선한 의지라는 근본 법칙들이 없다면 그 특성들은 아주 나쁘게 될 수 있으며, 악당은 그 냉철함 때문에 훨씬 위험할 뿐만 아니라, 냉철하지 않을 때보다 첫눈에 더욱더 가증스러워 보이기 때문이다.

선한 의지는, 그것이 실현하거나 성취한 것 때문에 또는 그것이 제시된 어떤 목적들을 제대로 달성할 수 있다는 것 때문에 선한 것이 아니고, 오직 '하려고 한다'는 것 때문에 다시 말해 그 자체로 선하다. 그리고 선한 의지를[성취나 목적과 상관없이] 그 자체로 볼 때, 어떤 한 경향성을 만족시키기 위해서, 더 나아가 모든 경향성을 합한 것을 만족시키기 위해[행복해지기 위해] 그 선한 의지가 실행하는 어떤 것보다도 비교할 수 없을 만큼 훨씬 더 존경받아야 한다. 운명이 특별히 미워했기 때문이든 자연이 계모처럼 인색하게 차려주었기 때문이든, 이 선한 의지가 자신의 의도를 도저히 끝까지 성취할 수 없다 하더라도, 그래서 아무리 노력해도 아무것도 달성되지 않고 선한 의지만이(물론 단순한 소망이 아니라 우리의 힘이 닿는 한에서 모든 수단을 강구하는 것으로서) 남는다 하더라도, 선한 의지는 보석처럼 자신의 완전한 가치를 자기 안에 갖고 있기 때문에 그 자체로도 빛날 것이다. 유익함이나 무익함은 선한 의지의 가치에 어떤 것도 더하거나 뺄 수 없다. 유익함은 마치 보석의 장식대 같은 것일 따름이어서, 일상적인 거래에서 그것을 더 잘 다룰 수 있기 위한 것이거나 아직 미숙한 감정가의 눈길을 끌기 위한 것이지, 감정가에게 추천해 선한 의지의 가치를 결정케 하는 데 사용되는 것은 아니다.

그럼에도 불구하고 그 가치를 존경[평가]할 때 유용성을 전혀 고려하지 않는, 단순한 의지의 절대적 가치라는 이러한 이념에는 아주 이해하기 힘든 점이 있다. 그래서 평범한 이성[평범한 사람]은 이런 이념에 당연히 찬성하면서도 그 이

념이 사실은 그저 거창한 공상에 지나지 않을지도 모르고,
395 자연이 이성으로 하여금 우리의 의지를 지배하게 한 의도를
잘못 이해하고 있을지도 모른다고 의심할 것이 틀림없다. 따
라서 이 이념을 이러한 관점에서 검토해보려고 한다.

우리는 유기적인 존재, 즉 살기 위해 목적에 맞게 조직된
존재의 자연적 소질Naturanlage에서, 그런 존재는 목적 자체
에 가장 적당하고 알맞은 도구만이 주어진다는 것을 근본 법
칙으로 받아들인다. 만약 이성과 의지가 있는 존재에게 자
기의 보존, 자기의 복지, 한마디로 자기의 행복이 자연의 원래
목적이라면, 자연은 자신의 이러한 의도를 그 피조물의 이
성으로 실행하게 했다는 점에서 아주 잘못된 준비를 한 셈
이다. 왜냐하면 피조물이 행복해지기 위해서 해야 하는 모
든 행위와 행동 규칙 전부를 본능이 훨씬 더 정확하게 그 피
조물에게 지시할 것이고, 이성이 할 수 있는 것보다 훨씬 더
확실하게 본능이 그 목적을 달성할 수 있었을 것이기 때문
이다. 그리고 설령 이 축복받은 피조물에게 이성이 주어져야
했다면, 그 이성은 오직 자신에게 운 좋게 주어진 소질[이성]
을 살펴보고, 그것에 경탄하고, 기뻐하며, 이렇게 만들어주
신 자비로운 분께 감사하는 데만 사용되었어야 하며, 피조물
자신의 욕구 능력을 이성의 나약하고 기만하는 인도에 내맡
겨, 자연의 의도에 서투르게 끼어드는 데는 사용되지 말았어
야 하기 때문이다. 한마디로 이성이 실천적으로 사용되어 그

보잘것없는 통찰로 주제넘게 행복과 그것을 달성할 수단을 스스로 구상하는 일이 없도록 자연이 예방했어야 한다. 자연은 [행복이라는] 목적만이 아니라 수단의 선택까지도 넘겨주어 이 두 가지를 오직 본능에만 맡겨두는 현명한 준비를 했어야 한다.

사실 우리는, 교양을 갖춘 이성이 인생을 즐기고 행복을 누리겠다고 하면 할수록 그 사람은 진정한 만족에서 더욱 멀리 떨어져 나간다는 것을 안다. 그래서 많은 사람이, 더 정확히 말해 이성을 사용하는 데 가장 열심이었던 사람들이 어느 정도의 이성혐오증Misologie, 즉 이성에 대한 혐오감을 갖고 있는데, 그들이 솔직하다면 이를 고백할 것이다. 왜냐하면 그들이 잘난 체하기 위해 발명해낸 기교들의 장점이 아니라, 학문에서(그들에게는 결국 마찬가지로 지성의 화려함으로 보이겠지만) 나온 모든 장점들을 저울질해보아도, 사실 행복을 얻었다기보다는 오히려 고통만 짊어졌을 뿐이라는 것을 인정하기 때문이다. 그래서 그들은 마침내 단순한 자연 본능에 더 잘 이끌리고, 모든 행동에서 이성의 영향을 많이 받지 않는 더 평범한 부류의 인간들을 경멸하기보다는 오히려 부러워하기 때문이다. 그리고 인생의 행복이나 만족과 관련해 이성이 우리에게 준다고 하는 장점을 지나치게 칭찬하지 못하게 하거나 더 나아가 아무것도 아닌 것으로 끌어내리는 사람의 판단이 결코 심술궂다거나 세계를 통치하는 선에 배은망

덕한 것이 아니며, 오히려 이러한 판단의 밑바탕에는, 이성이 존재하는 데는 [행복과 만족으로 이끄는 것보다] 훨씬 더 가치 있는 다른 의도가 있다는 이념[생각]이 감추어져 있다는 것까지도 우리는 인정해야 한다. 이성은 원래 행복이 아니라 전적으로 이 [훨씬 더 가치 있는] 의도에 맞춰져 있고, 그렇기 때문에 대체로 인간의 사사로운 의도는 최상의 조건인 이 의도의 뒤에 있어야만 한다.

의지 자신의 대상과 우리의 모든 욕구를 충족시키는 것(이것이 욕구 자체를 어느 정도 배가시킨다)과 관련해 이성은 의지를 확실하게 인도하기에 충분하지 않고, 오히려 깊이 뿌리박힌 본능이 훨씬 더 확실하게 그러한 목적으로 인도했을 것이다. 그럼에도 불구하고 이성이 실천적 능력으로서, 즉 의지에 영향을 주어야 하는 것으로서 우리에게 주어져 있다는 것을 볼 때, 이성의 진정한 사명은 다른 의도를 위한 수단으로서가 아니라 그 자체로 선한 의지를 만들어내는 것이어야만 한다. 이 일에는 이성이 절대적으로 필요하며, 자연은 자신의 소질들을 나누어줄 때, 이 점에서 바로 적절한 방법을 사용한 것이다. 그렇다고 이 선한 의지가 유일한 선이고 완전한 선일 필요는 없지만, 그래도 그것은 최고의 선이고 나머지 모든 선의 조건이며, 행복에 대한 모든 열망 자체의 조건이어야 한다. 선한 의지가 최고의 선인 경우에, 일차적이고 무조건적인 의도[선한 의지]에 맞게 이성을 훈련시키기 위해서는, 행복의 달성이라는 항상 조건적이고 이차적인 의도를 적어도 현생에서는 여러 가지 방식으로 제한해야 한다는 것을 우리가 안다면, 이는 자연의 지혜에 잘 들어맞을 것이다. 더 나아가 행복의 달성을 [제한할 뿐 아니라] 무시할 수도 있지만, 그렇다고 자연이 아무 생각 없이 일을 처리한 것은 아니다. 왜냐하면 이성은 선한 의지의 토대를 마련하는 것을 최고의 실천적 사명이라 여기는데, 이러한 의도를 달성하는 데 자기 방식대로만, 즉 경향성의 목적을 자주 좌절시킬 수밖에 없을지라도 오직 이성에게 주어진 목적을 실현함으로써만 만족할 수 있기 때문이다.

그 자체로 높이 평가되어야 하고 더 먼 의도 없이도 선한 ³⁹⁷ [더 궁극적인 의도를 위해 선한 것이 아닌] 의지라는 개념은 타고난 건전한 지성 안에 이미 들어 있기 때문에 배울 필요는 없고 일깨우기만 하면 되는데, 모든 우리 행위의 가치를 평가할 때, 항상 맨 앞에 있고 나머지 모든 가치의 조건이 되는 그 선한 의지라는 개념을 명백히 하기 위해 우리는 **의무** 라는 개념을 다루려고 한다. 이 개념은 비록 [인간 행위자의] 주관적인 제한과 방해를 받기는 해도 선한 의지라는 개념을 포함하는데, 그 제한과 방해가 선한 의지를 가리고 알아볼 수 없게 할 정도는 아니고, 오히려 뚜렷한 대조를 통해 그것을 두드러지게 하고 더욱 밝게 빛나게 한다.

여기서 나는 이미 '의무를 어기는' 것으로 알려진 모든 행위를, 그것이 여러 가지 의도에 쓸모 있다 해도, 무시한다. 왜냐하면 그것은 이미 의무와 대립하고 있기 때문에, 그 행위를 '의무이기 때문에aus Pflicht' 했는지 아닌지에 대해서는 물어볼 것도 없기 때문이다. 또한 '의무에 맞는' 행위들, 즉 그 행위에 대해 직접적으로 경향성을 갖는 것은 전혀 아니지만 다른 경향성 때문에 하지 않을 수 없어서 한 행위들도 다루지 않는다. 왜냐하면 그 '의무에 맞는' 행위가 '의무이기 때문에' 이루어졌는지 아니면 이기적인 의도 때문에 이루어졌는지는 쉽게 구별되기 때문이다. 이러한 구별이 훨씬 어려운 경우는, 행위가 '의무에 맞고' 그에 더해서 주체가 그 행위를 하려는 직접적인 경향성을 갖고 있을 때이다. 예컨대 가게 주인이 새로 온 손님을 속이지 않는 것, 그리고 거래가 많은 경우에 똑똑한 상인이 손님을 속이는 짓을 하지 않고, 모든 사람에게 확실한 정가를 적용해 어린아이라도 다른 사람들처럼 물건을 살 수 있게 하는 것, 이러한 것은 말할 것도 없이 '의무에 맞는' 일이다. 그렇게 해서 사람들은 정직하게 대접받지만, 이것만으로 그 상인이 정직이라는 의무와 근본 법칙들 때문에 그렇게 했다고 믿기에는 충분하지 않다. 정직하게 하는 것이 그의 이익에 맞았던 것이다. 게다가 그가 고객들에게 직접적인 경향성을 가져서, 말하자면 사랑 때문에 어느 한 고객에게 다른 고객보다 더 싸게 주지 않는 것이라고 생각할 수도 없다. 따라서 그 행위는 '의무이기 때문에' 생긴 것도 아니며 직접적인 경향성 때문에 생긴 것도 아니고, 다만 자기의 이익을 바라고 한 행위일 뿐이다.

이와 반대로 자기의 삶을 유지하는 것은 의무이며, 또한 모든 사람은 이것에 직접적인 경향성을 갖는다. 하지만 그렇기 때문에 사람이 대부분 갖고 있는 생명 유지에 대한, 때로는 불안해하기까지 하는 신중함은 아무런 내적 가치가 없으며, 그 신중함에 관한 준칙은 아무런 도덕적 내용이 없다. 그 398 들은 비록 '의무에 맞게' 살아가지만 '의무이기 때문에' 사는 것은 아니다. 반대로 극심한 불운과 슬픔으로 살고 싶은 마음이 완전히 사라졌다면, 영혼이 강해서 자기의 운명에 겁먹고 굴복하기보다는 오히려 분노하는 어떤 불행한 사람이 죽고 싶지만 그럼에도 자기의 삶을, 사랑해서도 아니고 경향성이나 두려움 때문도 아니라, '의무이기 때문에' 살아간다면, 그의 준칙은 도덕적인 내용을 갖는다.

할 수 있는 한 자선을 베푸는 것은 의무인데, 그에 더해서 동정심을 잘 느끼는 사람들도 많다. 그들은 허영심이나 자신의 이익이라는 다른 동기 없이도 주위에 기쁨이 퍼져나가는 것을 내심 즐거워하며, 자기가 한 일로 다른 사람이 만족하는 것에 흥겨워할 수 있는 사람이다. 하지만 나는 그와 같은 행위의 경우, 그 행위가 아무리 '의무에 맞고' 또 아무리 사랑스럽다 해도 참된 도덕적 가치는 전혀 없으며, 오히려 다른 경향성, 예를 들어 명예에 대한 경향성 같은 것과 짝을 이룬다고 주장한다. 그런 경향성은 다행스럽게도 실제로 모두에게 이익을 주며 '의무에 맞고' 따라서 명예스러운 것을 만난다면 칭찬과 격려를 받을 만하지만, 높은 평가를 받을 만하지는 않다. 왜냐하면 그 준칙에는 도덕적인 내용, 즉 경향성 때문이 아니라 '의무이기 때문에' 하는 행위가 빠져 있기 때문이다. 그렇다면 앞에 나온 박애주의자의 기분이 슬픔으로 흐려져 다른 사람의 운명에 대한 동정심이 모두 사라졌고, 그래서 아직은 다른 불쌍한 사람들을 도울 재산이 있음에도 자신의 곤궁에만 너무 몰두한 나머지 타인의 곤궁에 마음이 움직이지 않는다고 해보자. 이제 더 이상 남을 돕고 싶은 경향성이 생기지 않을 텐데도, 그 사람이 이 지독한 무관심을 떨쳐버리고 아무런 경향성 없이, 단지 '의무이기 때문에' 행위를 한다면, 그때에야 비로소 그 행위는 참된 도덕적인 가치를 지니게 된다. 나아가 본성상 마음에 동정심이 거의 없는 어떤 사람이 있다고 하자. 그 사람이 다른 점에서는 성실한 사람이지만 냉정한 성격을 갖고 있어서 다른 사람의 고통에 무관심하며, 그 자신이 남다른 인내심과 강한 끈기를 타고났기 때문이겠지만 다른 모든 사람도 똑같은 인내심과 끈기를 갖고 있다고 전제하고 심지어 요구한다고 하자. 원래 박애주의자로 타고나지는 않았을지라도, 그 사람(사실 자연이 낳은 최악의 피조물은 아니겠지만)도 하나의 원천, 마음씨 착한 사람[박애주의자]이 가진 것보다 훨씬 더 높은 가치를 자신에게 부여하는 그런 원천을 자기 안에서 발견하지 않을까? 물론 발견할 것이다! 품성의 가치, 비교할 수 없을 만큼 가장 높 ³⁹⁹ 은 그 도덕적 가치는 바로 여기에서, 즉 경향성 때문이 아니라 '의무이기 때문에' 자선을 베푼다는 사실에서 시작되는 것이다.

자기 자신의 행복을 확보하는 일은 (최소한 간접적으로는) 의무이다. 왜냐하면 자기의 처지에 만족하지 못해서 많은 걱정이 밀려들고 욕구를 채우지 못한다면, 의무를 어기고 싶은 커다란 유혹에 쉽게 빠질 수 있기 때문이다. 그러나 여기서 의무에 주목하지 않더라도, 모든 인간은 이미 자기 안에 행복에 대한 아주 강하고 깊은 경향성을 갖고 있다. 왜냐하면 행복이라는 이념 안에 모든 경향성이 결합되어 하나로 뭉쳐 있기 때문이다. 다만 행복을 위한 지시란 대부분 몇 가지 [다른] 경향성을 단호하게 끊어야 하는 것이다. 그리고 경향성의 충족 전체를 행복이라는 이름으로 하나로 묶더라도 [행복에 대해] 확실하게 결정된 개념은 전혀 생기지 않는다. 그래서 어떤 유일한 경향성, 그 무엇을 주기로 약속했다는 점에서 그리고 만족시켜주기로 한 시간이 정해져 있다는 점에서, 확실한 그런 경향성이 확고부동하지 못한 [행복이라는] 이념을 능가할 수 있다는 것은 놀랄 일이 아니다. 그래서 한 사람, 예를 들어 다리 통풍 환자가 [고통이 따르더라도 그냥] 자기 입맛에 맞는 것을 즐기고 할 수 있는 만큼 버텨보겠다고 마음먹을 수도 있다. 왜냐하면 그는 나름대로 어림해보고서, 적어도 이 경우에는, 건강하면 얻는다는 행복에 대한 확실치 않은 기대 때문에 눈앞에 주어진 즐거움을 마다하지는 않았기 때문이다. 그러나 이 경우, 그 사람이 누구에게나 있는 행복해지고 싶어 하는 경향성에 따라 결심하지 않더라도, 적어도 행복해지는 데 건강이 꼭 필요한 것은 아니라고 생각하더라도, 다른 모든 경우에서처럼 하나의 법칙, 즉 자기의 행복을 증진해야 하는 것은 경향성 때문이 아니라 '의무이기 때문'이라는 법칙은 여전히 남아 있다. 그리고 그때[경향성이 아니라 의무이기 때문에 자기의 행복을 증진할 때]에야 비로소 그의 행동은 원래의[엄격한 의미의] 도덕적인 가치를 갖는다.

우리의 이웃을, 심지어 우리의 적을 사랑하라고 명령하는 성경 구절도 이렇게 해서 분명하게 이해될 수 있다. 왜냐하면 경향성으로서의 [이웃] 사랑은 명령될 수 없기 때문이다. 그러나 자선을 베풀고 싶은 경향성이 전혀 생기지 않고, 정말 자연스럽고 극복하기 힘든 혐오감 때문에 하기 싫은데도 불구하고 '의무이기 때문에' 자선을 베푸는 것이야말로 실천적인 사랑이며 감수적感受的, pathologisch이지[감성에 의존하지] 않은 사랑이다. 이 실천적 사랑은 의지 안에 있지 감각의 끌림에 있는 것이 아니다. 즉 행위의 근본 법칙에 있지 마음을 녹이는 동정심에 있는 것이 아니다. 그리고 이러한 [실천적] 사랑만이 명령될 수 있는 것이다.

두 번째 명제는 이렇다. '의무이기 때문에' 하는 행위는 그 행위를 통해 달성하려는 의도에서가 아니라, 그 행위를 결심할 때 준수하는 준칙에서 자신의 도덕적인 가치를 갖는다. 400 따라서 [그 행위는] 행위의 대상이 실현되는지에 좌우되는 것이 아니라, 그 행위를 할 때 욕구 능력의 모든 대상을 무시하고 준수하는 '하려고 한다'의 원칙에 좌우되는 것이다. 우리가 행위할 때 가질 수도 있는 의도와, 의지의 목적과 동기가 되는 [그 행위가 일으키는] 작용은 결코 행위에 무조건적인 도덕적 가치를 줄 수 없다는 사실이 앞에서 분명하게 밝혀졌다. [행위가 일으키는] 작용을 기대하는 의지 안에 도덕적 가치가 있는 것이 아니라면, 도대체 그것은 어디에 있을 수 있을까? 그 가치는 그러한 행위가 달성하려는 목적을 고려하지 않는 의지의 원칙 외에 다른 곳에 있을 수 없다. 왜냐하면 의지는 형식적인, 즉 선험적인 원칙과 내용적인, 즉 후험적인 동기 사이의 한가운데에, 마치 갈림길 위에 있는 것과 같기 때문이다. 하지만 의지는 무엇에 의해서건 결정되어야만 하기 때문에, 의지에서 모든 내용의 원칙이 제거된, '의무이기 때문에' 하는 행위가 일어나려면 의지가 '하려고 한다'라는 것 일반에 적용되는 형식적 원칙에 의해 결정되어야 한다.

앞의 두 명제에서 나오는 결론인 세 번째 명제를 나는 이렇게 나타내겠다. 의무란 법칙에 대한 존경심 때문에 어떤 행위를 할 수밖에 없는 것이다. 나는 내 행위가 일으킨 작용인 객체[나의 행위에서 나온 결과물]에 대해 경향성을 가질 수는 있지만, 결코 존경심을 가질 수는 없다. 그것이 다만 하나의 작용일 뿐 의지의 활동성은 아니라는 바로 그 이유 때문이다. 마찬가지로 나는, 나의 것이든 다른 사람의 것이든 경향성 그 자체에 존경심을 가질 수 없다. 기껏해야 나의 경향성을 인정할 수 있을 뿐이고, 다른 사람의 경향성은 나에게 이익이 된다고 생각해서 때로 좋아할 수 있을 따름이다. 오직 내 의지의 원인일 뿐 결코 작용이 아닌 것, 나의 경향성에 봉사하지 않고 오히려 그것을 극복하는 것, 최소한 선택을 계산할 때 경향성을 완전히 제외하는 것만이, 따라서 단순한 법칙 자체만이 존경심의 대상이 될 수 있고 그래서 명령이 될 수 있다. 이제 '의무이기 때문에' 하는 행위는 경향성의 영향을, 그리고 경향성과 함께 의지의 모든 대상을 완전히 떼어놓아야 한다. 그러므로 의지를 결정할 수 있는 것으로 남아 있는 것은 객관적으로는 법칙뿐이고, 주관적으로는 이런 실

401 천적 법칙에 대한 존경심, 따라서 나의 모든 경향성을 버리더라도 그 법칙을 따르겠다는 준칙Maxime[9] 뿐이다.

행위의 도덕적인 가치는 그 행위가 일으킬 것이라고 기대되는 작용에 있지 않고, 또한 이 기대된 작용이 행위의 동기가 되는 어떤 행위 원칙에 있는 것도 아니다. 왜냐하면 이러

한 모든 작용들은(자기 상태의 편안함이든, 심지어 타인의 행복을 증진시키는 것이든) 다른 원인에 의해서도 성취될 수 있었고, 따라서 그것을 위해 이성적 존재의 의지가 필요하지는 않았다. 그렇지만 무조건적인 최고의 선은 오직 이성적 존재의 의지 안에서만 발견될 수 있는 것이다. 그래서 오직 법칙에 대한 표상 그 자체만이 우리가 도덕적이라고 부르는 탁월한 선을 이룬다. 일어날 것이라고 기대한 작용에 의해 의지가 결정되는 것이 아니라 법칙에 대한 표상에 의해 결정되는 한, 그런 [법칙에 대한] 표상이 이성적 존재 안에서만 일어나는 것은 당연하다. 그 탁월한 선은 이미 인격 자체 안에 있는데, 인격이 그런 표상에 따라 행위하기 때문이며, 무엇보다도 [행위가 일으키는] 작용에 의해 인격으로 되는 것이 아니기 때문이다.[10]

의지가 절대적으로 그리고 제한 없이 선하다고 불리기 위 **402** 해서, 그 법칙을 표상하는 것이 거기에서 기대된 작용을 고려하지 않고도 의지를 결정해야만 하는 법칙이란 도대체 어떤 종류일 수 있는가? 내가 어떤 법칙을 따르면서 의지에 생겨날 수 있는 모든 충동을 의지에서 제거했기 때문에, 행위라는 것 전부가 보편적으로 '법칙에 맞는다'는 것만 남았는데, 이것만이 의지의 원칙이 되어야 한다. 즉, 나의 준칙이 하나의 보편적 법칙이 되어야 한다고 나 또한 바랄 수 있도록 오직 그렇게 행동해야 한다는 것이다. 이렇게 볼 때 단순히 '법칙에 맞음'이라는 것 전부는([구체적으로] 어떤 행위들을 규정하는 어떤 법칙을 근거로 삼지 않는다) 의지의 원칙이 되는 바로 그것이며, 의무가 결코 공허한 망상과 변덕스러운 개념이 되지 않기 위해서, 의지에게 원칙이 되어야만 하는 바로 그것이다. 평범한 인간 이성 역시 실천적인 판단을 할 때는 이 원칙에 철저히 따르며, 언제나 앞서 말한 원칙을 염두에 둔다.

예를 들어 이렇게 물어보자. 형편이 어려울 때 지키지 않을 생각으로 약속을 하면 안 되는가? 여기서 나는 이 질문이 뜻하는 것이 무엇인지 쉽게 안다. 즉 거짓으로 약속하는 것은 영리한 일인가, '의무에 맞는' 일인가라는 것이다. 물론 첫 번째[거짓 약속이 영리한 경우]는 자주 있는 일이다. 물론 나는, 이처럼 도망갈 구멍을 통해 당장의 곤경에서 벗어나는 것이 전부는 아니며, 거짓말 때문에 지금 모면하려는 것보다 훨씬 더 큰 불편이 나중에 생길 수 있지 않을까 곰곰이 생각해봐야 한다는 것을 잘 알고 있다. 그리고 내 생각에 내가 아무리 약삭빠르다 해도, 한 번 신용을 잃어버리는 것이 지금 내가 피하려 하는 모든 나쁜 일보다 훨씬 불리할지 어떨지 그 결과를 내다보기가 쉽지 않기 때문에, 이때 일반적인 [널리 퍼진] 준칙에 따라 행동하고, 지키지 않을 약속은 하지 않는 습관을 들이는 것이 더 영리한 행위가 아닐까 곰곰이 생각해봐야 한다는 것도 잘 알고 있다. 그렇지만 그런 준칙 역시 근본적으로 결과를 염려한다는 것을 곧 분명히 알게 된다. 그러나 '의무이기 때문에' 정직한 것은 불리한 결과를 염려하기 때문에 정직한 것과는 완전히 다르다. 왜냐하면 첫 번째 경우에는 행위의 개념 자체가 이미 나에 대한 법칙[의무]을 포함하고 있지만, 두 번째 경우에는 그 행위가 나에게 미칠 작용이 무엇인지 [알아보기 위해] 내가 먼저 다른 데를 둘러보아야 하기 때문이다. 왜냐하면 [첫 번째 경우] 만약 내가 의무의 원칙을 어긴다면 그것은 아주 확실하게 악이기 때문이며, 그러나 [두 번째 경우] 분명 영리함의 준칙을 지키 403
는 것이 더 확실하게 이익이 되겠지만, 내가 그 준칙을 등진다고 해도 많은 경우에 나에게 크게 이익이 될 수도 있기 때문이다. 이렇게 해서, 거짓된 약속이 의무에 맞는가 맞지 않는가라는 과제에 가장 빠르면서도 틀림 없게 대답하기 위해 나는 스스로 이렇게 묻는다. 나의 준칙('진실하지 않은[지키지 않을] 약속으로 어려움을 빠져나오라')이 보편적 법칙으로 (나 뿐만이 아니라 다른 사람에게도) 적용되어야 한다는 것을 내가 기꺼이 용납할 것인가? 그리고 어려움이 닥쳐서 다른 방법으로 빠져나올 수 없을 때는 누구든지 진실하지 않은 약속을 해도 좋다고 나 자신에게 기꺼이 말할 수 있을 것인가? 이렇게 [해서] 나는 비록 거짓말을 '하려고 할' 수는 있어도, '거짓말하라'가 보편적 법칙이 되게 '하려고 할' 수는 없다는 것을 곧 깨닫는다. 왜냐하면 그러한 법칙에 따른다면 결코 어떤 약속도 있을 수 없기 때문이다. 또한 앞으로 어떠한 행위를 하겠다고 다른 사람에게 다짐해도 사람들이 그 다짐을 믿지 않아 헛일이 될 것이고, 만약 사람들이 성급하게 믿는다고 해도 나한테 똑같은 방식으로 되갚아줄 것이니 말이다. 따라서 ['거짓 약속을 하라'라는] 나의 준칙은 보편적 법칙이 되자마자 스스로 파멸할 것이 틀림없다.

그러므로 나의 '하려고 함'이 도덕적으로 선하기 위해서는, 내가 무엇을 해야만 하는가를 자상하게 알려주는 통찰력이 전혀 필요치 않다. 세상살이에 능숙하지 못하고, 살아가면서 갑작스럽게 일어나는 모든 일들을 감당할 수 없기 때문에 나는 이렇게 물을 뿐이다. 너의 준칙이 보편적인 법칙이 되기를 너 또한 바랄 수 있는가? 그렇지 않다면 그 준칙을 내버려야 하는데, 그것이 너나 다른 사람에게 불이익을 주기 때문이 아니라, 그것이 원칙으로서 가능한 보편적인 '법칙주기'[11]에 맞지 않기 때문이다. 이성은 이러한 보편적인 '법칙주기'에 직접적인 존경심을 가지라고 나에게 강요한다. 나는 아직도 그 존경심이 무엇에 근거하고 있는지는(이것을 철학자가 연구했으면 한다) 통찰하지 못했지만, 최소한 이것만은 잘 알고 있다. 경향성이 좋아하는 모든 가치를 훨씬 능가하는 그런 소중한 가치가 있다는 것, 그리고 의무란 바로 '실천적인 법칙에 대한 순수한 존경심 때문에 내가 행위하지 않을 수 없다'는 것이자, 또한 모든 가치를 능가하는 가치를 지닌, 그 자체로 선한 의지가 따라야 하는 조건이기 때문에 다른 모든 동인[경향성]에 우선해야만 한다는 것이다.

이렇게 해서 우리는 결국 평범한 인간 이성이 갖는 도덕적 인식 안에서 도덕적 인식의 원칙에까지 도달했다. 물론 평범한 인간 이성은 이 원칙을 보편적 형식으로까지 추상해서 생각하지는 않지만, 그래도 언제나 이 원칙을 실제로 염두에 두고 평가의 표준으로 삼는다. 평범한 인간 이성이 어떻게 해서 이 나침반을 손에 들고 닥쳐오는 모든 경우에 무엇이 선이고 악인지, 무엇이 '의무에 맞는지' 아니면 '의무에 어긋나는지'를 능숙하게 구별하는지 보여주기는 쉽다. 소크라테스가 그랬듯이, 평범한 인간 이성에게 새로운 것은 조금도 가르쳐주지 않고 자기 자신의 원칙에 주목하게 만들면 된다. 그리고 정직하고 선하기 위해, 더 나아가 현명하고 덕이 있기 위해 사람이 무엇을 해야 하는지를 아는 데, 과학[학문]과 철학이 전혀 필요하지 않다는 것을 보여주는 것도 쉽다. 또한 모든 인간이 무엇을 해야만 하고 따라서 알아야만 하는지를 아는 일에 모든 사람들이, 아주 평범한 인간까지도 관심을 가지리라는 것은 이미 짐작되었을 것이다. 그럼에도 불구하고 평범한 인간 지성에서 실천적인 판단 능력이 이론적인 판단 능력을 훨씬 능가하는 것을 보고 놀랄 수밖에 없다. 이론적인 판단 능력의 경우, 평범한 이성이 감히 경험 법칙과 감각 지각에서 떨어져 나오면 그 이성은 도저히 이해할 수 없는 것이 되고 스스로 모순에 빠지거나, 최소한 불확실하고 어둡고 불안정한 혼돈에 빠진다. 그러나 실천적인 판단 능력의 경우, 평범한 지성이 모든 감각적 동기들을 실천적인 법칙에서 제외할 때에야 비로소 그 판단력이 제대로 드러나기 시작한다. 그때 평범한 지성은 올바른 것이 무엇인지에 대해 양심이나 여러 다른 주장들로 그냥 혼란스러워하고 있을지, 아니면 솔직하게 평범한 지성 자체의 가르침에 따라 행위의 가치를 결정할 것인지 곰곰이 생각할 것이다. 대체로 평범한 지성이 그 자신의 가르침을 따른다면, 철학자에게 기대하는 만큼은 [행위의 가치를 결정하는 일을] 올바르게 해낼 것이다. 오히려 이 일에서는 철학자보다 [더 옳게 해낼 것이] 거의 확실하다. 왜냐하면 철학자라고 해서 평범한 지성이 가진 것과 다른 원칙을 갖고 있는 것은 결코 아니며, 철학자의 판단은 문제와 무관한 다른 생각이 많아서 쉽게 혼란에 빠지고, 그래서 가야 할 방향에서 벗어날 수 있기 때문이다. 따라서 도덕적인 일은 평범한 이성 판단으로 만족하고, 기껏해야 도덕의 체계를 한층 더 완전하고 이해하기 쉽게, 그리고 도덕의 규칙들을 사용하기에(더 나아가 논쟁하기에) 더 편리하게 제시하기 위해서만 철학을 끌어들여야 하며, 실천적인 의도에서조차 평범한 인간 지성으로 하여금 자신이 복 받은 단순함[소박함]을 벗어나 철학을 통해 새로운 방식으로 탐구하고 가르치도록 하기 위해 철학을 끌어들여서는 안 된다고 하는 것이 더 현명하지 않을까?

순진함이 훌륭한 것이기는 해도, 다른 한편으로 그것이 자신을 잘 지켜낼 수 없고 쉽사리 꾐에 빠진다는 것은 아주 나쁜 일이다. 그렇기 때문에 지식보다는 행위를 본질로 하는 지혜조차 학문을 필요로 한다. 학문으로부터 배우기 위해서가 아니라 지혜가 지시한 것을 널리 퍼뜨리고 지속시키기 위해서다. 인간은 자기 안에 있는 욕구와 경향성들이, 이성이 높이 존경받을 만하다고 여기는 의무가 내리는 모든 명령에 저항하는 것을 느끼는데, 그러한 욕구와 경향성의 충족을 모두 끌어모아 행복이라고 부른다. 그런데 이성은 경향성에게 아무것도 약속하지 않으며, 말하자면 너무 강렬해서 정당한 것처럼 보이는 요구들(어떤 명령으로도 제거될 수 없을 것 같은 요구들)을 무시하고 경멸하면서 이성 자신의 지시를 명령한다. 그리고 이렇게 해서 자연의[본성의] 변증법이 생겨나는데, 그 변증법은 엄격한 의무의 법칙들을 피하기 위해 궤변을 늘어놓고 그 법칙들의 타당성을, 적어도 그 순수성과 엄격함을 의심하려는 성벽이다. 또한 그 법칙들을 될 수 있는 한 우리의 소망과 경향성에 더 맞추려는, 다시 말해 그 법칙들을 근본적으로 못쓰게 하고, 그것에서 모든 위엄을 빼앗아 버리려는 성벽인데, 평범한 실천적 이성조차 도저히 인정할 수 없는 그런 것이다.

이렇게 해서 **보통의 인간 이성**은 사변[이론적 사유]에 필요해서가 아니라(평범한 인간 이성은 그저 건전한 이성인 채로 만족하는 한 결코 사변에 빠지지 않는다), 오히려 바로 실천적인 이유 때문에 자신의 활동 범위를 넘어 실천 철학이라는 들판에 발걸음을 내딛을 수밖에 없다. 평범한 인간 이성은 바로 이 실천 철학에서 자신의 원칙이 어디서 나오는지, 그리고 그것을 어떻게 올바르게 규정할 수 있는지에 대해, 욕구와 경향성을 따르는 준칙과 비교해 조사하고 뚜렷한 지침을 얻으려는 것이다. 이렇게 해서 인간 이성은 이러지도 저러지도 못하는 어려움에서 벗어나고, 이성이 흔히 빠지는 모호성 때문에 모든 참된 도덕적 근본 법칙을 잃어버리는 위험에 빠지지 않게 된다. 이와 같이 실천적인 평범한 이성이 교양을 쌓으면 그 안에 변증법이 슬그머니 생겨나서, 이성을 이론적으로 사용할 때 그랬던 것과 마찬가지로 철학의 도움을 구할 수밖에 없게 된다. 그래서 이론적 이성과 마찬가지로 실천적인 평범한 이성도 우리의 이성을 완전히 비판하고 나서야 비로소 안식을 얻을 것이다.

제 2 장

대중적인 도덕 철학에서
도덕 형이상학으로
넘어감

우리가 지금까지 우리의 실천적인 이성을 일상적으로 사 406
용하는 데서 의무라는 개념을 이끌어냈다고 해서 우리가 그
것을 경험 개념으로 취급했다고 결론 내려서는 안 된다. 오
히려 우리는 인간이 하는 모든 행위에 대한 경험에 주목하
면서, 우리 스스로도 정당하다고 인정하는 어떤 불평과 자주
마주친다. 즉 순수하게 '의무이기 때문에' 행위하려는 '마음
의 태도Gesinnung'[12]를 보여주는 확실한 실례를 전혀 끌어올
수 없기 때문에, 의무가 명령한 것에 '맞게' 일어난 일이 많다
고 하더라도, 그것이 정말 '의무이기 때문에' 일어났고 그래서
도덕적인 가치를 갖는지는 여전히 의심스럽다는 불평이다.
따라서 이러한 [의무이기 때문에 행위하려는] '마음의 태도'
가 인간의 행위 안에 실제로 있다는 것을 절대적으로 부정하
는 철학자는 어느 시대에나 있었다. 그리고 그들은 모든 것
을 더 세련되었든 아니면 덜 세련되었든 자기애의 탓으로 돌
리는데, 그렇다고 해도 도덕성이라는 개념의 정당성을 의심

하는 것은 아니고 오히려 인간의 본성이 나약하고 순수하지 못하다고 한탄한다. 인간의 본성은 그토록 존경스러운 이념 [도덕성의 이념]을 자신의 지시로 삼을 정도로 고결하다. 그러나 동시에 그 지시를 지킬 수 없을 정도로 나약해서 인간 본성에 법칙을 주게끔 되어 있는 이성을, 그저 경향성의 관심을 돌보는 데 사용할 따름이라고 그들은 말한다. 그 관심이 따로 떨어진 것[독자적인 것]이든 아니면 기껏해야 다른 경향성의 관심들과 잘 조화하는 것이든 말이다.

407   사실, '의무에 맞는' 행위의 준칙일 뿐이라고 볼 수도 있는 것을, 순전히 도덕적인 근거와 자기의 의무에 대한 표상에서 나온 것으로 보게 되는 경우는 결코 확실히 경험될 수 없다. 이유는 이렇다. 물론 우리가 자신을 아무리 예리하게 살펴보 아도, 여러 선한 행위와 그토록 큰 희생을 하게 할 만큼 강력 한 것은 의무라는 도덕적 근거밖에 없는 경우도 종종 있다. 그렇다고 해서 사실은 자기애라는 은밀한 충동이 의무의 이 념을 가장해서 의지를 결정했을 수도 있다는 것은 확실하게 부정할 수도 없다. 우리는 선한 행위와 큰 희생을 한 데 고상 한 근거가 있기라도 한 것처럼 자신을 속이고 아첨하기를 좋 아하기 때문이다. 그러나 사실 도덕적 가치에 관한 한, 눈에 보이는 행위가 아니라 보이지 않는 내적[마음속의] 원칙이 문제이기 때문에, [겉으로] 아무리 엄격하게 검토하더라도 결코 그 은밀한 동기를 완전히 알아낼 수 없다.

또한 의무라는 개념을 오직 경험에서 이끌어내야 한다고 (사람들은 다른 모든 개념에 대해서도 그렇게 해야 한다고 편할 대로 생각해버린다) 양보하는 것이야말로, 모든 도덕성이란 단지 인간 상상력이 자만에 빠져 자신의 능력을 넘어서서 만들어낸 망상일 뿐이라고 비웃는 사람들이 가장 바라는 것이다. 그렇게 되면 그들이 확실한 승리를 얻기 때문이다. 나는 우리 행위의 대부분이 그래도 여전히 '의무에 맞는다'는 것을 인간애 때문에 인정한다. 그러나 그 행위의 의도와 소망을 더 자세히 살펴본다면, 언제나 등장하는 '사랑스러운 자기 자신'을 도처에서 마주치게 된다. 행위의 의도는 '사랑스러운 자기 자신'에 근거를 두고 있는 것이며, 종종 자기 자신을 부정할 것을 요구하기도 하는 의무의 엄격한 명령에 근거하지 않는다. 그래서 어느 순간(특히 나이가 들면서 한편으로는 경험에 의해 치밀해지고 한편으로는 관찰에 의해 날카로워진 판단력으로) 이 세상에 도대체 참된 덕이라는 것이 있을까 의심하기 위해, 사람들이 덕의 적일 필요는 없고, 선을 열렬히 바란다고 해서 곧 선이 실재하는 것은 아니라고 생각하는 냉정한 관찰자이기만 하면 된다. 그런데 이러한 상황에서도 우리가 의무라는 이념을 완전히 내버리지 않고, 의무의 법칙에 대한 굳건한 존경심을 영혼 안에 간직할 수 있는 것은 다음과 같은 분명한 확신 때문이다. 즉 어떤 행위도 [의무라는] 순수 한 원천에서 나온 적이 한 번도 없다 하더라도, 여기서 문제

408

는 결코 이런 일 또는 저런 일이 일어났느냐 아니냐가 아니라, 이성이 모든 현상에서 독립해 혼자서, 무엇이 일어'나야 하는지' 명령하느냐는 것이라는 확신이다. 따라서 이 세상에 지금까지 한 번도 실제로 일어난 적이 없는 행위, 모든 것의 근거를 경험에 두는 사람들이 그 실행 가능성을 극도로 의심하려 드는 그런 행위일지라도 이성이 가차없이 명령하리라는 확신이다. 그래서 예를 들면, 우정에서의 순수한 성실성은, 지금까지 성실한 친구가 있었던 적이 한 번도 없다고 해서 모든 인간에게 덜 요구될 수 없는 것이다. 왜냐하면 이 의무가 과연 의무라면 선험적 근거들로 의지를 결정하는 이성의 이념이기 때문이다. [그래서 경험에서 그 실례를 찾지 못한다고 해서 그 근거가 없어지는 것이 아니다.]

덧붙여 말하자면, 도덕성이라는 개념에는 아무런 진리도 없고 어떤 가능한 대상도 없다고 주장하려는 것이 아니라면, 그 [개념의] 법칙이 의미하는 것이 너무 넓어서, 인간뿐 아니라 이성적인 존재라는 것 전부에 모두 적용되어야 하고, 단지 우연한 조건에서 그리고 예외적으로 적용되는 것이 아니라 절대적이며 필연적으로 적용되어야 한다는 것을 부인할 수 없을 것이다. 그래서 어떠한 경험도, 그러한 필연적인apodiktisch 법칙이 가능하다고 추론하는 출발점이 될 수 없다는 것이 분명하다. [만약 그렇지 않다면] 우리가 무슨 권리로, 인간성이라는 우연한 조건에서만 타당한 것[경험]을 모든 이성적인 본성에 대한 보편적인 지시로서 무한히 존경할 수 있겠는가? 그리고 우리 의지를 결정하는 그 법칙이, 단지 경험적일 뿐이라서 순수하고 실천적인 이성에서 완전히 선험적으로 생겨나는 것이 아니라면, 어떻게 이성적인 존재 일반의 의지를 결정하는 법칙이라는 것만으로 우리에게 또한 법칙으로 생각될 수 있겠는가? [그렇기 때문에 도덕성이라는 개념은 경험과 상관없이 절대 필연적으로 모든 이성적 존재에게 적용된다.]

그래서 도덕성을 [경험적인] 실제의 예에서 빌려오려는 것보다 도덕성에 더 해로운 것은 있을 수 없다. 왜냐하면 내 마음속에 표상되는 모든 도덕성의 실례 그 자체가 먼저 본래의 실례, 즉 모범이 될 만한지의 여부는 도덕성의 원칙에 비추어 판단되어야 하는 것일 뿐이며, 결코 그 실제의 예 자체가 더 높은 곳에서 도덕성이라는 개념을 건네줄 수는 없기 때문이다. 복음서의 거룩한 분[예수]조차 먼저 도덕적인 완전함에 대한 우리의 이상과 비교된 다음에야 거룩하다고 인정된다. 그분 자신도 스스로 말한다. 너희는 왜 (너희 눈에 보이는) 나를 선하다 하느냐고, (너희가 보지 못하는) 하나이신 하느님만이 오직 선하시다고[〈마태복음〉 19장 17절 참조]. 그러나 우리는 최고의 선이라는 신의 개념을 어디에서 얻는 409 가? 오직 이성이 선험적으로 그 윤곽을 그리는, 자유로운 의지라는 개념과 떨어질 수 없게 결합된 도덕적인 완전함이라는 이념에서 얻는다. [실제의 예를] 본받는 일은 결코 도덕적인 것일 수 없으며, 실제 예란 그저 격려의 역할을 할 뿐이다. 즉 실제 예는 법칙이 명령한 것을 실행할 수 있을까 하는 의심을 없애며, 좀더 보편적으로[추상적으로] 표현된 실천적인 규칙을 생생하게[구체적으로] 보여준다. 하지만 이성 안에 있는 그 규칙의 참된 기원을 무시하고 실제 예를 모범으로 삼는 것을 결코 정당화할 수는 없다.

모든 경험으로부터 독립해서 오직 순수한 이성에만 기인해야 하는 것이 아닌 [그러면서도] 참되고 가장 높은 도덕성의 근본 법칙이 전혀 없다면, 이 [도덕성의] 개념들을 그것에 딸린 [도덕성의] 원칙들과 함께 선험적으로 확정함으로써 보편적으로(추상적으로) 제시하는 일이 좋을지 어떨지 물을 필요조차 없을 것이다. 그 인식을 평범한 인식과 구별해서 철학적 인식이라고 불러야 하는 한 말이다. 그러나 우리 시대에 그렇게 묻는 일은 매우 필요하다. 왜냐하면 순수하기 때문에 모든 경험적인 것과 분리된 이성 인식인 도덕 형이상학을 택할 것인지, 아니면 통속적인 실천 철학을 택할 것인지에 대해 투표할 경우 어느 쪽이 우세할지 금방 알 수 있기 때문이다[통속적인 실천 철학이 우세할 것이다].

먼저 순수한 이성의 원칙들로 올라가서 완전히 만족했다면, 통속적인 개념으로 내려오는 것[대중이 알기 쉽게 경험적인 예를 들어 도덕 법칙을 설명하는 것]은 물론 대단히 칭찬할 만하다. 즉 도덕의 가르침을 먼저 형이상학에 근거하게 하지만, 그것이 굳건해지고 나면 대중성을 통해 그 가르침이 널리 퍼지게 한다는 뜻이다. 그러나 근본 법칙의 모든 정당성이 달려 있는 첫 탐구에서부터 벌써 대중성을 좇으려 한다는 것은 너무 터무니없는 일이다. 이렇게 하면 참된 철학적 대중성이 주는 아주 드문 이득조차 결코 얻어낼 수 없는데, 모든 근본적인 통찰을 포기하면서 대중을 이해시킨다는 것은 아무런 기술도 아니기 때문이다. 또한 그것은 닥치는 대로 끌어모은 관찰과 적당하게 이유를 붙인 원칙들로 구성된 구역질 나는 잡동사니가 되는데, 천박한 머리들은 그것이 매일매일의 잡담에 쓸모 있어 좋아하겠지만, 통찰하려는 사람들은 혼란스러워 어찌할 바를 모르는 채 불만스럽게 눈길을 돌린다. 그래도 그 속임수를 완전히 꿰뚫어보는 철학자가, 일정한 통찰을 얻은 다음에야 비로소 올바르게 대중적일 수 있다 410 며 그 가짜 대중성을 여러 번 큰 소리로 알려도 듣는 사람은 거의 없다.

사람들의 입맛에 맞춘[대중적인] 도덕성으로서 시도되는 것만 보아도, 때로는 인간의 본성에(하지만 또한 이성적인 본성 일반이라는 이념에 속하는) 특별한 규정, 때로는 완전함, 때로는 행복, 여기서는 도덕적 감정, 저기서는 신에 대한 경외심, 이것 조금, 저것 조금 하는 식으로 엄청나게 뒤죽박죽이다. 도대체 인간의 본성에 대해 안다고해서(이것은 경험을 통해서만 이룰 수 있다) 도덕성의 원칙을 찾을 수 있는지는 물어볼 생각도 하지 않는다. 그렇게 해서는 찾을 수 없다고 해도, 즉 도덕성의 원칙이 완전히 선험적으로, 모든 경험적인 것에서 자유롭게, 절대적으로 순수한 이성 개념 안에서만 발견되고, 그 외의 다른 어떤 곳에서도 발견되지 않는다고 해도, 이 [도덕성의 원리에 대한] 탐구를 순수하게 실천적인 철학으로 또한 (그토록 비난받아온 이름을 붙여도 된다면) 도덕 형이상학13으로 완전히 분리해서 그 자체로 완성시키고, 이 일이 결판 날 때까지는 대중성을 원하는 대중을 [기다리도록] 달래보겠다는 계획조차 세우지 않는다.14

그렇게 완전히 고립되어 있기 때문에 어떤 인간학, 어떤 신학, 어떤 자연학이나 초자연학과도 섞이지 않았고 '알려지지 않은[숨겨진] 성질qualitas occulta'15('하자연학적'이라고 부를 수 있을 것이다)과도 섞이지 않은 도덕 형이상학은, 의무를 이론적으로 확실하게 규정해 인식하는 데 없어서는 안 되는 밑바탕일 뿐만 아니라, 동시에 그 의무가 내리는 지시를 현실에서 실현하는 데 가장 중요하게 요구되는 것이다. 왜냐하면 의무에 대한, 즉 도덕 법칙 일반에 대한 표상, 순수하기 때문에 바깥에서 덧붙여지는 경험적인 자극이 전혀 섞이지 않은 표상은 오로지 이성의 길을 통해서만(여기서 이성은 비로소 자신이 실천적일 수 있다는 사실을 깨닫는다) 인간의 마음에 강한 영향을 미치기 때문이다. 그리고 [의무에 대한 이러한 표상은] 경험의 영역에서 불러올 수 있는 어떤 다른 동기들[16]보 다 훨씬 더 강력해서, 자기의 존엄성을 의식해 [경험적인] 동 411
기들을 경멸하고 점차 그것들의 지배자가 될 수 있을 정도이
기 때문이다. 다른 한편, 감정과 경향성이라는 동기들과 이
성 개념들이 동시에 뒤섞여 이루어진 잡다한 도덕론은 분명
히, 심정[마음 Gemüt]이 동인들 사이에서 주저하도록 만들
것이다. 그 동인들은 어떤 원칙도 갖지 못했기 때문에, 그저
우연히 심정을 선으로 이끌 수도 있지만, 또한 악으로 이끄
는 경우도 자주 있다.

앞서 밝힌 것에서 다음과 같은 사실이 분명해졌다. 모든
도덕 개념은 완전히 선험적으로 이성 안에 자리와 근원을 가
지며, 가장 평범한 인간 이성이나 고도로 사변적인 인간 이
성이나 이는 마찬가지라는 것이다. 도덕 개념은 경험적인,
그래서 단지 우연적인 인식에서 뽑아낼 수 없다. 도덕 개념
은 그 근원이 이렇게 순수하기 때문에[경험적이고 우연적인
인식에서 뽑아낼 수 없기 때문에] 존엄성을 갖고, 우리에게
최상의 실천적인 원칙이 된다. 사람들은 경험적인 것을 덧붙
임으로써 언제나 그만큼 도덕 개념의 진정한 영향력과 행위
의 무한한 가치를 빼앗게 된다. 그 도덕 개념과 법칙들을 순
수한 이성에서 얻어내 순수하고 잡티 없이 제시하는 것, 바
로 이 실천적인 또는 순수한 이성 인식 범위 전체를, 즉 순수
한 실천적인 이성의 능력 전체를 결정하는 것은 단지 사변에

만 매달리는 이론적인 의도에서도 필요할 뿐 아니라 실천적
으로도 매우 중요하다. 그러나 여기에서는, 사변적인 철학이
허용할 뿐만 아니라 때로는 필수적이라고 생각하는 것처럼
412 그렇게 인간적인[인간이 가진] 이성의 특별한 본성[경험을
재료로 해야 한다는 본성]에 의지해 원칙을 만들면 안 된다.
도덕 법칙이란 이성적인 모든 존재에게 적용되어야 하기 때
문에, 도덕 법칙을 이성적 존재 일반이라는 보편적 개념에서
이끌어내고, 그렇게 해서 [이성적 존재 가운데 특별히] 인간
에게 응용하려면 [도덕 형이상학과 달리] 인간학을 필요로
하게 될 모든 도덕을, 마침내 인간학에 의지하지 않고 순수
한 철학으로, 즉 형이상학으로 완전하게 제시하는 것이 (이
러한 종류의 완전히 분리된 인식[형이상학]에서는 완전하게 제시
하는 것이 쉽다) 또한 이론적으로 대단히 필요하고 실천적으
로도 중요하다. 잘 알다시피 내가 말하려는 것은, 만약 우리
가 형이상학을 갖지 않는다면 '의무에 맞는' 모든 것들 가운
데 의무를 도덕적이게 하는 것이 무엇인지 엄밀하게 결정해
서 사변적으로[이론적으로] 평가할 수 없다는 것이 아니라,
형이상학을 갖지 않는다면 단순히 [도덕을] 일상적이고 실
천적으로 사용할 때, 특히 도덕을 가르칠 때, 도덕을 그 진정
한 원칙에 기초하게 함으로써 순수하게 도덕적인 '마음의 태
도'를 움직이고 그것을 세상의 최고선을 위해 [사람들의] 심
정에 깊이 새겨두는 일이 불가능하다는 것이다.

그러나 이러한 주제를 다루는 데서, 이전처럼 단지 일상적인 도덕적 평가(여기서는 아주 존경할 만하다)에서 시작해 철학적인 평가로 나아갈 뿐만 아니라, 실제 예를 이용해 더듬어나갈 수밖에 없는 대중적인 철학에서 시작해 형이상학(이것은 어떠한 경험적인 것에도 더이상 방해받지 않으며, 그리고 이러한 종류의 이성 인식의 총합을 측량해야 하므로, 필요하다면 우리가 실제 예라는 것 자체를 들 수 없는 이념에까지 나아간다)까지 자연스러운 단계를 밟아 전진하기 위해, 우리는 실천적 이성 능력[이성의 실천적 능력]을 뒤좇아, 그 능력을 보편적으로 규정하는 규칙들에서 의무라는 개념이 나오는 곳에 이르기까지 분명하게 서술해야만 한다.

자연의 모든 것은 법칙에 따라 움직인다. 오직 이성적인 존재만이 법칙에 대한 표상에 따라, 즉 원칙에 따라 행위하는 능력을 갖는데 이것이 의지이다. 행위를 법칙에서 이끌어내기 위해서는[법칙에 따라 행위하기 위해서는] 이성이 요구되기 때문에, 의지는 바로 실천적 이성인 것이다. 이성이 의지를 불가피하게 결정한다면[의지가 항상 이성을 따른다면], 그러한 존재의 행위는 객관적으로 필연적이라고 인식되며 또한 주관적으로도 필연적이다. 다시 말해 그러한 경우의 [객관적으로도 주관적으로도 필연적인] 의지는, 이성이 경향성을 떠나, 필연적으로 실천적이라고 인식하는, 즉 선하다고 인식하는 바로 그것만을 선택하는 능력인 것이다. 그러나 이성이 혼자 힘으로는 의지를 충분히 결정하지 못하는, 의지가 아직 객관적인 조건들에 항상 일치하는 것은 아닌 주관적
413 인 조건들(어떤 동기들)에 매여 있는, 한마디로 의지가 그 자체로 충분히 이성에 맞지 않는 경우가 있다(실제로 인간의 경우가 그렇다). 그러면 객관적으로는[이성에 따라] 필연적이라고 인식되는 행위가 주관적으로는[의지에 따라] 우연적이라고 인식될 것이고, 그 의지가 객관적인 법칙에 따라 내리는 결정은 강제가 될 것이다. 즉 완전하게 선하지는 않은 의지[인간의 의지]와 객관적 법칙의 관계는 이성적인 존재의 의지를 이성에 근거해서 결정하는 것으로 표상되지만, 이 [인간의] 의지는 그 본성상 이성이라는 근거를 필연적으로 따르지는 않는 것이다.[17]

객관적 원칙에 대한 표상이 의지를 강제하는 한[객관적 법칙을 생각하는 것만으로도 그 법칙에 따라 행위하게 된다면] 그 표상을 (이성의) 명령이라고 부르고, 그 명령의 표현 양식을 명령법이라고 부른다.

모든 명령법은 '해야만 한다'로 표현되고, 그렇게 함으로써 이성의 객관적 법칙이 의지에 대해 갖는 관계를 보여주는데, 그 의지는 자기의 주관적 성질 때문에 그 법칙을 필연적으로 따르지는 않는다(그렇기 때문에 강제인 것이다). 모든 명령법은 어떤 것을 하는 것 또는 하지 않는 것이 선이라고 말하는데, 그것을 듣는 의지는 어떤 것을 하는 것이 선하다는 생각

이 들었다고 해서 언제나 그 일을 하는 것은 아니다. 그러나 실천적으로 선하다는 것은 이성[객관적 법칙]에 대해 생각함으로써, 따라서 주관적인 원인에서 의지를 결정하는 것이 아니라 객관적인 원인에서, 다시 말해 모든 이성적인 존재에 대해 그것이 이성적인 존재이기만 하다면 적용되는 근거들에서 의지를 결정하는 것이다. 실천적으로 선하다는 것은 '흡족함'과 구별되는데, '흡족함'은 여러 가지 감관에만 적용되고 다만 주관적인 원인에서 나오는 감각을 통해 의지에 영향을 미치는 것이며, 모든 사람에게 적용되는 이성의 원칙으로서 의지에 영향을 미치는 것이 아니기 때문이다.[18]

따라서 완벽하게 선한 의지[신의 의지]도 마찬가지로 객   414
관적인 (선의) 법칙을 따르지만, 그렇다고 해서 법칙에 맞는 행위를 하도록 강제되고 있다고 생각할 수는 없다. 왜냐하면 그 의지는 자신의 주관적인 소질에 따라, 선을 마음에 떠올려[표상해서] 스스로 결정하기 때문이다. 그러므로 신의 의지, 일반적으로 성스러운 의지에는 명령법이 적용되지 않는다. 이 경우에 '해야만 한다'는 것은 잘못된 것인데, '하려고 한다'는 것이 그 자체로 이미 필연적으로 법칙에 일치하고 있기 때문이다. [성스러운 의지가 하려고 하는 것은 이미 모두 법칙에 들어맞기 때문에 어떠한 강제도 필요 없다.] 따라서 명령법은 그저 '하려고 한다'는 것 전부의 객관적 법칙이 여러 가지 이성적인 존재의 의지, 예를 들어 인간의 의지가 주

관적으로 완벽하지 못한 것에 대해 갖는 관계를 표현하는 형식일 뿐이다.[19]

모든 **명령법**은 가언적[조건적]이거나 아니면 정언적[무조건적]으로 명령한다. 가언적 명령법은 할 수 있는 어떤 행위를 반드시 해야만 하는 이유가 달성하려고 하는(또는 달성하고 싶다고 바랄 수 있는) 다른 어떤 행위를 이루어주기 때문이라고 생각한다. 정언적 명령법은 행위를 그 자체로서 다른 목적에 상관없이 객관적으로 필연적이라고 생각하는 명령법일 것이다.

모든 실천적 법칙은 어떤 가능한 행위를 선하다고 표상하고, 선하기 때문에 이성이 결정한 대로 실천하는 주체에게 필연적이라고 표상하므로, [실천적 법칙을 표현하는] 모든 명령법은 어떤 종류든 선한 의지의 원칙에 따르자면[선해지려면] 필연적으로 해야 하는 행위가 무엇인지 결정하는 표현 양식들이다. 그래서 그 행위가 단지 다른 것에 대해 수단으로써만 선하다면 그 명령법은 가언적이다. [반면에] 그 행위가 그 자체로 선하다고 생각되고, 따라서 스스로 이성을 따르는 의지에 필연적인 것으로, 그 의지의 원칙으로 생각된다면 그 명령법은 정언적이다.

명령법은 또한 내가 할 수 있는 행위 가운데 어떤 것이 선한지 말하며, 어떤 행위가 선하다는 이유만으로 그것을 즉시 행하지는 않는[인간의] 의지와 관련된 실천적인 규칙을 표상한다. 선하다는 이유만으로 즉시 행하지 않는 이유는 그 행위가 선하다는 것을 주체가 항상 아는 것은 아니기 때문이기도 하고, 그것을 안다고 해도 그 주체의 준칙들이 실천적 이성의 객관적 원칙에 대립할 수 있기 때문이기도 하다.

그러므로 가언적 명령법은 그 [명령된] 행위가, 어떠한 가능한 의도나 현실적 의도를 고려할 때 선하다는 것만을 말한다. 가능한 의도의 경우 가언적 명령법은 **개연적**problematisch 실천 원칙이고, 현실적 의도의 경우, **실연적**assertorisch 실천 원칙이다. 정언적 명령법은 그 [명령된] 행위가 어떤 의도와도 상관없이, 즉 어떤 다른 목적 없이 그 자체로 객관적으로 필연적이라고 선언하므로 **필연적**apodiktisch (실천) 원칙이라고 할 수 있다. 415

어떤 한 이성적인 존재의 힘으로만 가능한 것은 어떤 의지에도 가능한 의도라고 생각할 수 있다. [어떤 한 이성적인 존재가 해낼 수 있는 것이라면, 다른 어떤 의지도 최소한 그것을 해보려는 의도를 가질 수 있을 것이다.] 따라서 행위의 원칙들은, 어떤 행위를 통해 실현될 수 있는 의도를 성취하기 위해서는 그 행위가 필연적인 한 사실 무수히 많다. 모든 학문에는 실천적인 부분이 있으며, 이 부분은 우리가 달성할 수 있는 어떤 목적이라는 과제와 그 목적을 달성하는 방법을 지시하는 명령법으로 이루어진다. 따라서 이러한 명령법을 대체로 **숙달**의 명령법이라 부를 수 있다. 그 목적이 이성적이며 선한지 어떤지는 여기서 전혀 문제가 되지 않는다. 다만, 그 목적을 달성하려면 무엇을 '해야만 하는가'만이 문제다. 의사가 환자를 근본적으로 건강하게 만들기 위해 지켜야 하는 지시와, 그를 확실하게 죽이려는 독살자가 지켜야 하는 지시는 각각 그들의 의도를 완벽하게 실현하는 데 이바지하는 한 똑같은 가치를 갖는다. 어릴 때는 인생에서 우리에게 어떤 목적이 생겨날지 모르기 때문에, 부모는 무엇보다도 아이들에게 정말 여러 가지를 배우게 하고, 모든 종류의 마음 내키는 목적을 위한 수단의 사용에 **숙달**되게 하려고 애쓴다. 배우고 있는 아이가 장차 그 목적 가운데 실제로 어떤 것을 의도할지는 결정할 수 없지만, 그 아이가 언젠가 목적을 갖게 되는 것은 가능한 일이다. 그리고 이러한 염려가 너무 커서, 아이들이 목적으로 삼을지도 모르는 것들의 가치에 대한 판단을 형성해주고 바로잡아주는 것에서는 대개 소홀히 하는 것이다.

그럼에도 불구하고 모든 이성적인 존재(명령법이 의존적인 존재인 그들에게 적용되는 한)에 실재한다고 추측할 수 있는 하나의 목적이 있다. 그리고 이성적인 존재가 가질 수 있을 뿐만 아니라, 이성적인 존재 전체가 자연 필연성에 따라[거스를 수 없는 본성 때문에] [실제로] 갖고 있다고 확실하게 추측할 수 있는 의도가 있다. 그것은 바로 행복해지려는 의도이다. [어떤 행위가] 행복을 촉진하는 수단이기 때문에 그 행위를 필연적으로 실천해야 한다고 생각하는 가언적 명령법은 **실연적**이다. 이 명령법은 어떤 불확실하고 그저 가능하기만 한 의도에 필연적인 것이 아니라, 인간의 본질에 속하기 때문에 모든 인간이 가진다고 선험적으로 확실히 추측할 수 있는 의도에 필연적인 것이다. 이제 자기 자신이 가장 잘 살 수 있는 수단을 선택하는 데서의 숙달을 가장 좁은 의미에서 영리함[20]이라고 부를 수 있다. 따라서 자기의 행복을 위한 수단을 선택하는 것에 관한 명령법, 다시 말해 영리함이 주는 지시는 항상 가언적이다. 즉 행위를 절대적으로 명령하는 것이 아니라, 다른 어떤 의도를 위한 수단이기 때문에 그 행위를 명령한다.

끝으로 어떤 한 행동을 함으로써 다른 의도를 달성할 수 있는지 없는지에 상관없이 직접적으로 그 행동을 명령하는 명령법이 있다. 이 명령법은 정언적이다. 이 명령법은 행위의 내용과 그 행위에서 따라 나와야 하는 것[행위의 결과]과 관계 있는 것이 아니라, 그 행위 자체가 따르는 형식과 원칙과 관계 있다. 그래서 그 행위의 본질적 선은 결과에 상관없이 '마음의 태도'에 달려 있다. 이 명령법을 도덕성의 명령법이라고 불러도 좋을 것이다.

이러한 세 가지 원칙을 따르는 의지는, 또한 의지를 강제하는 방식이 같지 않기 때문에 뚜렷이 구별된다. 이렇게 의지를 강제하는 방식이 같지 않다는 것을 분명히 하기 위해서

416

는, 그것을 순서대로 숙달의 규칙, 영리함의 충고, 그리고 도덕성의 명령(법칙) 가운데 하나로 부르면 가장 알맞을 것이다. 왜냐하면 오직 법칙만이 무조건적인 그리고 객관적인, 따라서 보편적으로 적용되는 필연성을 지니는데, 명령은 복종해야만 하는, 즉 경향성을 거스르더라도 따라야만 하는 법칙이기 때문이다. 물론 '충고하는 것'도 필연성을 포함하지만, 그러나 오직 주관적이고 우연적인 조건에서만, 다시 말해 이 사람 또는 저 사람이 이것 또는 저것을 자기의 행복으로 생각하는지 아닌지에 따라서만 필연적일 수 있다. 이와 반대로 정언적 명령법은 어떤 조건으로도 제한되지 않고, 실천에서만은 절대적으로 필연적이기 때문에, 진정으로 명령이라 부를 수 있다. 또한 첫 번째 명령법[숙달의 규칙]을 기술적(기예에 속하는), 두 번째[영리함의 충고]를 실용적[21](복지에 속하는), 세 번째를 도덕적(자유로운 행동이라고 할 수 있는 모든 것에 속하는, 즉 도덕에 속하는)이라 부를 수도 있다.

이제 이러한 물음이 생긴다. 이러한 모든 명령법이 어떻게 가능한가? 이 물음은 명령법이 명령한 행위의 실행이 어떻게 생각될 수 있는지 알고 싶어 하는 것이 아니라, 명령법이 과제에 의해 표현하는 의지의 강제를 어떻게 생각할 수 있는지를 알고 싶어 한다. [명령된 행위를 어떻게 실행할 수 있는지가 아니라 그 행위를 해야만 하는 이유, 즉 명령의 강제성이 어디에서 오는지가 문제다. 명령된 행위의 실행 가능성이 아니라 강제 가능성이 문제다.] 어떻게 숙달의 명령법이 가능한지는 특별히 논의할 필요가 없다. 목적을 이루'려고 하는' 사람이라면 누구나(이성이 그의 행위에 결정적인 영향을 미치는 한) 그 목적을 이루는 데 있어야만 하는 필연적인 수단도 역시 자기가 할 수 있는 것이라면 '하려고 한다.' [숙달의 명령법을 표현하는] 이 명제는 '하려고 한다'는 점에서 보면 분석적이다. 왜냐하면 내가 어떤 대상을 일으키'려고 한다'는 것 안에서는 이미 내가 [그 대상을 일으킬] 행위를 할, 즉 그런 수단을 사용할 인과성에 생각이 미쳐 있고, 그래서 숙달의 명령법은 그 목적을 이루는 데 필연적인 행위라는 개념을, 이미 그런 목적을 '하려고 한다'는 개념에서 이끌어내기 때문이다. [숙달의 명령법은, 어떤 목적을 이루기 위해서는 어떤 행위가 필연적이라고 표현한다.] (어떤 정해진 의도를 [달성하기] 위한 수단 자체를 결정하는 데는 물론 [분석적 명제로 부족하고] 종합적 명제가 필요하다. 그러나 그것은 의지를 현실로 실현하는 근거에 관한 것이 아니라 대상을 실현하는 근거에 관한 것이다.) 하나의 선분을 확실한 원칙에 따라 동일한 두 부분으로 나누려면 선분의 양끝에서 두 개의 교차하는 호를 그려야만 한다는 것을, 물론 수학은 종합적 명제를 통해서만 가르쳐준다[수단의 결정에 관한 것은 종합적 명제다]. 그러나 내가 오직 그러한 [호를 그리는] 행위를 통해서만 앞의 작용[선분의 반분]이 일어날 수 있다는 것을 알고 있을 때, 내가 진정 그 작용을 '하려고 한다'면, 나는 또한 그 작용에 요구되는 행위를 '하려고 할' 것이라는 것이 하나의 분석적 명제다. 왜냐하면 내가 어떤 방식으로 행위할 때 일어날 수 있는 것을 생각하는 것과 그것이 일어날 것을 염두에 두면서 그런 방식으로 행동하는 나를 생각한다는 것은 완전히 동일한 것이기 때문이다[대상과 의지의 일치].

영리함의 명령법은, 만약 행복의 개념을 결정하는 것이 쉽기만 하다면, 숙달의 명령법과 완전히 일치해, 마찬가지로 분석적이 될 것이다. 왜냐하면 숙달의 명령법에서와 마찬가지로 영리함의 명령법에서도, 목적을 이루'려고 하는' 사람은 누구나(이성에 맞게 필연적으로) 그 목적을 위해 자신이 할 수 있는 유일한 수단 역시 '하려고 할' 것이기 때문이다. 그렇지만 불행하게도, 행복이라는 개념은 너무 불확실해서, 모든 인간이 행복을 얻으려고 소망하면서도 자신이 진정 무엇을 소망하고 '하려고 하는'지 한 번도 스스로 확정적이고 일관되게 말할 수 없을 정도다. 그 원인은 행복이라는 개념을 이루는 모든 요소는 전부 경험적인 것, 다시 말해 경험에서 빌려와야만 하기 때문이다. 그렇지만 행복이라는 이념을 위해서는 나의 현재 상태와 모든 미래 상태에서의 복지의 절대적인 전체, 즉 최대량이 없어서는 안 된다. 그런데 아무리 통찰력과 능력이 있다고 해도, 유한한 존재라면 여기서 그가 진정 무엇을 '하려고 하는지'에 대한 개념을 결정하는 것이 불가능하다. [행복을 이루는 요소는 경험적이지만, 행복이라는 이념 자체는 이 경험적인 것 전체와 관련되고, 따라서 경험에서는 얻어질 수 없는 것이다.] 만약 그가 재산을 바란다면 그것 때문에 얼마나 많은 근심, 시기, 속임수를 짊어져야 할 것인가? 만약 그가 높은 학식과 통찰력을 바란다면 아마도 눈이 점점 더 날카로워져서, 비록 피할 수는 없을지라도 아직은 모르고 있는 나쁜 일들이 그에게 점점 더 무섭게 보이거나, 이미 그를 충분히 애태워온 욕망에 한층 더 많은 필요가 쌓일 것이다. 만약 그가 오래 살기를 바란다면 그것이 오랫동안 비참하게 사는 것이 아니라고 누가 보증하겠는가? 만약 그가 최소한 건강만을 바란다면 아주 건강할 때 빠지게 되는 방탕함을 막기 위해 얼마나 자주 육체의 불편을 감수해야[절제해야] 하겠는가? 간단히 말해, 그는 무엇이 자기를 진정으로 행복하게 해줄지 어떤 근본 법칙에 따라 완전히 확실하게 결정할 수 없다. 왜냐하면 그렇게 하기 위해서는 모든 것을 다 알고 있어야 하기 때문이다. 또한 행복해지기 위해서는 정해진 원칙에 따라 행위할 수 없고, 단지 경험적인 충고들, 예를 들어 식이요법, 절약, 예절, 자제 등 대체로 잘 사는 데 가장 필요하다고 경험이 가르쳐주는 것들에 따라 행위할 수 있을 뿐이다. 따라서 이러한 결론이 나온다. 엄밀하게 말해 영리함의 명령법은 전혀 명령할 수 없다. 즉 행위들을 필연적으로 실천해야만 하는 것이라고 객관적으로 명시할

수 없다. 영리함의 명령법은 이성의 명령praecepta이라기보다
는 오히려 이성의 권고consilia로 여겨져야 한다. 그 과제, 즉
이성적인 존재가 행복하기 위해 어떤 행위가 요구될지 확실
하고 보편적으로 결정하는 과제는 결코 해결할 수 없고, 따
라서 행복하게 해주는 것을 하라고, 명령의 엄격한 의미에서
명령하는 행복에 관한 명령법은 결코 가능하지 않다. 왜냐하
면 행복이 이성의 이상理想이 아니라 다만 경험적인 근거에
만 바탕을 두는 상상력의 이상이기 때문인데, 상상력이 한
행위를 결정해 결과에서 결과로 이어지는 사실상 무한한 연
속의 전체에 도달하기를 기대하는 것은 부질없는 일인 것이
다. [경험에만 의존하는 상상력이 어떤 행위의 경험되지 않
은 미래의 결과까지 고려해서 결정할 수는 없다.] 그럼에도
이러한 영리함의 명령법은, 만약 행복의 수단이 확실하게 제
시될 수 있다고 인정한다면 분석적인 실천적 명제가 될 것이
다. 왜냐하면 영리함의 명령법이 숙달의 명령법과 구별되는
것은 후자의 경우에는 목적이 그저 가능할 뿐이지만, 전자의
경우에는 목적이 주어져 있기 때문이다. 그러나 두 명령법
은 모두 사람들이 목적으로서 '하려고 하는' 것이라고 전제
된 것을 [달성하기] 위한 수단을 명령하기 때문에, 그 목적을
이루'려고 하는' 사람에게 그 수단을 '하려고 해야' 한다고 명
령하는 명령법은 두 경우 모두 분석적이다. 그러므로 그러한
명령법이 어떻게 가능한지에 관해서는 어려울 것이 없다.

이와 반대로, 도덕성의 명령법이 어떻게 가능한가 하는 것이 해결해야 할 유일한 문제임은 의심의 여지가 없다. 왜냐하면 그 명령법은 결코 가언적이지도 않고, 그래서 가언적 명령법의 경우와는 달리, 객관적이라고 생각되는 그 필연성을 어떠한 전제에서도 끌어낼 수 없기 때문이다. 다만 여기서 언제나 주의해야 할 것은, 도대체 그런 종류의 명령법이 있기나 한 것인지는 어떠한 실례를 통해서도, 따라서 경험적으로 결정될 수 없고, 오히려 정언적인 것처럼 보이는 모든 명령법이 사실은 가언적이면서 속이고 있는 것이 아닐까 염려스럽다는 점이다. 예를 들어, 어떠한 것도 거짓으로 약속하지 말라는 말이 있을 때, 이러한 '하지 않아야 한다'라는 필연성은 다른 어떤 나쁜 일을 피하기 위한 단순한 충고가 아니고, 따라서 거짓이 밝혀져 신용을 잃게 되지 않으려면 거짓으로 약속하지 말라는 말이 아니다. 이러한 종류의 행위[거짓 약속]는 그 자체로 악하다고 여겨져야만 하고, 그래서 사람들은 그 금지의 명령법이 정언적인 것이라고 인정한다. 그렇지만 여기서 의지가 다른 동기 없이 단지 법칙에 의해서만 결정된 것처럼 보일지라도, 그렇다는 것을 실례를 통해 확신을 갖고 밝힐 수는 없다. 왜냐하면 창피당할지도 모른다는 은밀한 두려움, 또는 다른 위험에 대한 막연한 걱정이 언제나 의지에 영향을 미칠 수 있기 때문이다. [의지를 움직인] 원인이 존재하지 않는다는 것을 누가 경험을 통해 증명할 수 있을 것인가? 경험이 가르쳐주는 것은 다만 우리가 원인을 지각하지 못한다는 것일 뿐인데 말이다.[22] 그러나 그렇다고 한다면 이른바 도덕적 명령법이라는, 그토록 정언적이고 무조건적인 것으로 보이는 그것도 사실은 실용적인 지시일 뿐이어서 우리의 이익에 주목하게 해서 그 이익을 고려하도록 가르칠 뿐이다.

그러므로 우리는 정언적 명령법의 가능성을 순전히 선험적으로 탐구해야만 한다. 왜냐하면 정언적 명령법의 현실성이 경험에 주어져 있어서, 정언적 명령법의 가능성이 [정언적 명령법을] 확립하는 데 필요한 것이 아니라 다만 설명하는 데 필요하다는 이득을 우리는 여기서는 누릴 수 없기 때문이다. 그렇지만 우선 다음 사실을 잘 통찰해야 한다. 오직 정언적 명령법만이 실천적인 법칙이라 할 수 있고, 나머지는 모두 의지의 원칙이기는 하지만 법칙이라 불릴 수 없다는 것이다. 왜냐하면 단지 자기가 마음 먹은 어떤 의도를 달성하기 위해 '해야만 하는' 것은, 그 자체로는 우연적인 것으로 여겨질 수 있어서, 우리가 그 의도를 포기한다면 언제라도 그 지시를 지키지 않을 수 있기 때문이다. 이에 반해 무조건적인 명령은 의지가 [명령된 것의] 반대를 원하도록 내버려두지 않으며, 따라서 법칙이라는 것에 따르게 마련인 필연성을 지니기 때문이다.

두 번째로, 이 정언적 명령법 또는 도덕성의 법칙에서 (그것의 가능성을 통찰하는) 어려움의 이유 또한 아주 많다. 정언적 명령법은 선험적인 종합적 실천 명제[23]다. 그리고 이론적 인식에서 이러한 종류의 명제들의 가능성을 통찰하는 것이 그토록 어렵기 때문에, 실천적 인식에서도 그보다 덜 어렵지는 않으리라 쉽게 추측할 수 있다.

이러한 과제 때문에, 우리는 먼저 정언적 명령법이라는 개념만으로도 그 명령법의 표현 양식 역시 나오지 않을지 어떨지를 시험해보려고 한다. 그 표현 양식에는 오직 정언적 명령법일 수밖에 없는 명제가 포함될 것이다. 왜냐하면 그러한 절대적인 명령이 어떻게 가능한가[라는 문제]는 우리가 그 명령이 어떤 것인지 알고 있다 해도 여전히 힘겨운 노력을 요구하기 때문인데, 마지막 장까지 그 노력을 미루어둔다.

가언적 명령법이라는 것 전부를 생각한다고 해서, 그것이 무엇을 담게 될지[그것의 내용이 무엇인지] 미리 알지는 못한다. 조건이 주어져야 비로소 알게 된다. 그러나 정언적 명령법을 생각한다면 그것이 무엇을 담고 있는지 곧 안다. 왜냐하면 정언적 명령법은 법칙과 이 법칙을 따르라고 하는 [맞추라는] 준칙의 필연성[24]만을 담고 있는데 그 법칙은 자신을 제한할 조건을 전혀 담고 있지 않아서, 남아 있는 것은 법칙 전부의 보편성뿐이기 때문이다. 행위의 준칙은 이 보편성에 맞아야 하고, 이렇게 맞아야 한다는 것만으로 정언적 명령법은 진정 필연적이라고 생각된다. 421

그러므로 정언적 명령법은 단 하나뿐인데, 그 준칙을 통해서 네가 그것을 동시에 보편적인 법칙으로 삼으'려고 할'wollen 수 있는 그런 준칙에 따라서만 행위하라는 것이다.

이제 의무에 관한 모든 명령법이, 의무에 관한 원칙인 이 하나의 명령법에서 이끌어내질 수 있다면, 사람들이 의무라고 부르는 것이 전부 공허한 개념이 아닌지에 대해서는 확정하지 않는다 할지라도, 최소한 우리가 의무라는 개념을 통해 무엇을 생각하는지, 그리고 이 개념이 무엇을 말하려 하는지 보여줄 수는 있다.

작용이 일어날 때 그 작용이 따르는 법칙의 보편성이, 가장 일반적인 의미에서(형식에 따라) 바로 자연을 이룬다. 즉 보편적인 법칙에 따라 결정되어 있는 한에서 사물의 현존이라고 부르는 것을 이룬다. 그렇기 때문에 의무에 관한 보편적인 명령법은 이렇게 말할 수도 있을 것이다. 마치 네 행위의 준칙이 네 의지에 의해 **보편적인 자연 법칙**이 되어야 할 것처럼 그렇게 행위하라.

이제 의무를, 흔히 하는 대로 나누어 우리 자신에 대한 의무와 다른 인간에 대한 의무, 완전한 의무와 불완전한 의무 등 몇 가지로 열거해보자.[25]

1) 절망에 빠질 정도로 나쁜 일이 계속되어 삶에 염증을 느끼는 사람일지라도 아직 이성을 잃지 않았다면, 자신의 생명을 끊는 것이 자신의 의무를 거스르는 것이 아닐까 자신에

게 물을 것이다. 그래서 그 사람은 자기 행위의 준칙이 분명히 보편적 자연 법칙이 될 수 있는지 검토해본다. 그런데 그의 준칙은 이렇다. 나는 나를 사랑하기 때문에, 더 살 경우에 삶이 안락하기보다는 더욱 나빠질 것 같으면 목숨을 끊으라는 것을 원칙으로 삼는다. [그러면] 이 '자기애의 원칙'이 보편적인 자연 법칙이 될 수 있는지가 문제다. 그러나 이때 사람들은, 감각은 삶을 촉진하도록 밀어주게 되어 있는데, 바로 그 감각 때문에 삶 자체를 파괴하는 것을 법칙으로 하는 자연[본성]은 자기 자신에게 모순되며, 자연으로 유지되지 않을 것이고, 따라서 앞의 준칙은 보편적 자연 법칙이 될 수 없고, 그 결과 모든 의무에 대한 최상의 원칙에 완전히 위배된다는 것을 곧 알게 된다. [자기 자신에 대한 완전한 의무]

2) 또 한 사람은 어려운 처지 때문에 돈을 빌릴 수밖에 없다. 그는 자기가 갚을 수 없으리라는 것을 잘 알고 있지만, 또한 정해진 시간에 갚겠다고 굳게 약속하지 않으면 한푼도 빌리지 못한다는 것도 안다. 그는 그런 약속을 할 마음이 있다. 그렇지만 아직 이렇게 물을 정도의 양심은 있다. 그런 식으로 어려운 처지를 빠져나오는 것은 금지되어 있거나, 의무를 어기는 일이 아닐까? 그럼에도 그렇게 하기로 결심했다고 가정하면, 그의 행위의 준칙은 이렇게 될 것이다. 나는 돈이 궁하다고 여겨지면 돈을 빌릴 것이고, 내가 결코 돈을 갚을 수 없다는 것을 안다고 해도 갚겠다고 약속할 것이다. 이

제 이런 '자기애의 원칙', 또는 자기 실리의 원칙이 분명 내 미래의 모든 복지와 일치할 수도 있겠지만, 여기서는 그것이 옳은지 옳지 않은지가 문제다. 그래서 자기애라는 그 부당한 요구를 하나의 보편적인 법칙으로 바꿔 이렇게 묻는다. 만약 나의 준칙이 하나의 보편적인 법칙이 된다면 도대체 어떻게 될 것인가? 이때 나는 그 준칙이 결코 보편적인 자연 법칙으로 적용될 수도 없고, 자기 자신과 일치할 수도 없으며[준칙으로 성립할 수도 없으며], 오히려 필연적으로 스스로 모순될 수밖에 없음을 곧 알게 된다. 왜냐하면, 모든 사람이 자기가 어려운 처지에 있다고 여겨질 때 지킬 생각도 없으면서 마음 내키는 대로 약속을 할 수 있다는 것이 보편적인 법칙이 된다면 약속이라는 것도, 약속을 통해 이루려 했던 목적 자체도 불가능해질 것이다. 이렇게 되면 누구나 다 자기에게 약속된 것을 믿지 않을 것이고, 오히려 모든 약속의 표현을 헛된 구실이라고 비웃게 될 것이기 때문이다.

3) 세 번째 사람은 모든 면에서 쓸모 있는 사람이 될 수 있는 재능을 갖고 있다. 그러나 그는 편안한 환경에 있고, 운좋게 타고난 자신의 소질을 확장하고 개선하는 데 힘쓰기보다는 즐거움을 좇는 것을 더 좋아한다. 그렇지만 그는 이렇게 묻는다. 자신의 타고난 재질을 묵혀두라는 그의 준칙이 오락으로 끌리는 자신의 성격에는 맞겠지만, 의무라는 것에도 역시 맞겠느냐고. 이때 그는, 비록 인간이 (남태평양에 사는 사람

들처럼) 자기의 재능을 녹슬게 하고 게으름, 오락, 자식 생산 등 한마디로 향락에 삶을 소비하는 데 골몰하더라도, 그러한[타고난 재질을 묵혀두라는] 보편적 법칙을 따르는 자연도 항상 유지될 수 있다는 것을 안다. 그렇지만 이것이 하나의 보편적 자연 법칙이 되기를, 또는 그러한 보편적 자연 법칙이 타고난 본능을 통해 우리 안에 심어져 있기를 그가 바라는 일wollen은 결코 있을 수 없다. 왜냐하면 그는 이성적인 존재여서 자기가 가진 모든 능력이 펼쳐지기를 바라게 되는데, [그렇게 하면] 무엇을 하려 하든 그 능력이 이용될 수 있기 때문이다.

[4)] 네 번째 사람은 일이 잘 풀리고 있으므로 다른 사람이 커다란 어려움과 싸우고 있는 것을 보면서도(그는 분명 이 사람을 도울 수도 있었다) 이렇게 생각한다. 나와 무슨 상관이란 말인가? 모든 사람은 하늘이 바라는 만큼, 또는 자기가 해낼 수 있는 만큼만 행운을 얻을 것이며, 나는 그 사람에게서 아무것도 빼앗지 않을 것이고 그 사람을 결코 시샘하지 않을 것이다. 다만 그의 복지를 위해서나 그의 어려운 처지를 돕기 위해 어떤 기여를 하려는 마음이 없을 뿐이다! 그러한 사유 방식이 보편적인 자연 법칙이 된다면 틀림없이 인류는 잘 유지될 수 있을 것이다. 그것도, 누구나 동정심과 호의에 대해 떠들고 그때그때 그것을 실행하려고 노력하면서도 다른 한편으로는 될 수 있는 한 속이고 인간의 권리를 팔거나 침

해하는 경우보다 훨씬 잘 유지될 수 있을 것임에 틀림없다. 그러나 비록 보편적인 자연 법칙이 그러한 준칙에 따라 잘 유지될 수 있을지라도, 그러한 원칙이 자연 법칙으로서 모든 점에서 적용되어야 한다고 바라는 일은 여전히 불가능하다. 왜냐하면 이런 것을 결심한 의지는 자기 자신과 대립하는데, 다른 사람의 사랑과 동정심을 필요로 하면서도, 자기의 의지에서 생겨난[자기가 만든] 자연 법칙 때문에 소망하는 모든 희망과 도움 자체를 빼앗기는[기대할 수 없는] 경우가 많을 것이기 때문이다.

그런데 이것들은 현실적인, 또는 최소한 우리가 현실적 424 이라고 여기는 많은 의무 가운데 몇 가지이고, 분명 앞서 말한 유일한 원칙에서 도출되었다. [유일한 원칙이란] 우리 행위의 준칙이 하나의 보편적인 법칙이 되기를 바랄 수 있어야 wollen können 한다는 것이다. 이것이 우리 행위에 대한 모든 도덕적 판단의 규준이다. 몇몇 행위는[자살과 거짓 약속] 그 준칙을 보편적 자연 법칙으로 생각만 해도 언제나 모순되는 것이다. 그 준칙이 보편적인 자연 법칙이 되어야 한다고 바랄 수는 더욱 없다. [그 준칙은 모순 없이는 결코 자연 법칙으로 생각될 수 없는 것이고, 그래서 완전한 의무이다.] 다른 행위들의 경우[자기 계발과 자선 행위]에는, 이러한 내적인 불가능성[내적 모순]이 있는 것은 아니지만 그 행위의 준칙이 자연 법칙의 보편성으로까지 높여지기를 바라는 일은 여전히 불가능한데, 그렇게 하려는 의지는 스스로 모순될 것이기 때문이다. 전자의 행위들은 엄격한 또는 더 좁은(가차없는) 의무에 위배되고, 후자의 행위들은 더 넓은(칭찬받을 만한) 의무에 위배된다는 것을 쉽게 알 수 있다. 이렇게 구속력의 종류[구속하는 방식](의무 행위의 대상이 아니라[해야만 하는 행위가 무엇인지에 따라서가 아니라])에서 보면, 이 예들을 통해 모든 의무가 유일한 원칙에 의지해서 완전하게 제시된 것이다. [보편성이라는 유일한 원칙에서 네 가지 종류의 의무가 나온다는 것이 제시되었다.]

의무를 위반할 때마다 우리 자신을 돌아보면, 우리가 사실은 우리의 준칙이 보편적인 법칙이 되기를 바라지 않는다는 것을 알게 된다. 그렇게 바라는 것이 불가능하기 때문이다. 오히려 우리는 우리 준칙에 반대되는 것이 보편적인 법칙이기를 바란다. [의무를 위반할 때] 우리는 다만 우리 자신을 위해서나(또 이번 한 번만) 우리의 경향성을 위해서, 자유롭게[내 마음대로] 그 법칙에 예외를 만들고 싶어 하는 것이다.[26] 그러므로 우리가 모든 것을 동일한 관점, 즉 이성에서부터 따져본다면 우리 자신의 의지가 모순에 빠지게 되는데, 어떤 한 원칙이 객관적으로는 보편적인 법칙으로서 필연적이면서도, 주관적으로는 보편적으로 적용되기보다는 예외를 허용해야 한다는 모순이다. 그러나 우리가 우리의 행위를 한 번은 완전히 이성에 맞는 의지의 관점에서 관찰하지만, 또 그 다음에는 바로 그 행위를 경향성에서 촉발된[영향받은] 의지의 관점에서 관찰하기 때문에 여기에는 사실 아무런 모순이 없다. 그러나 분명 이성의 지침에 대한 경향성의 저항antagonismus이 있는데, 이 저항 때문에 원리의 보편성universalitas이 하나의 단순한 일반적 타당성generalitas으로 바뀌고, 그럼으로써 실천적인 이성 원칙[법칙]과 준칙이 [서로 조금씩 양보하면서] 도중에 만나는 것이다. 우리 자신이 공정하게 판단한다면 이것[보편적인 법칙에서 자신만 예외로 두는 일]을 정당화할 수 없겠지만, 한편으로 그것은 우리가 정언적 명령법의 타당성을 사실상 인정한다는 것과, (그것을 지극히 존경하면서) 우리가 보기에 사소하고 피할 수 없는 몇 가지 예외를 우리 스스로 인정한다는 것을 보여준다.27

425   이렇게 해서 우리는 최소한 의무라는 개념이 우리의 행위에 대해 의미를 갖고 현실에 [실제로] 법칙을 주어야 한다면, 이것은 정언적 명령법으로만 표현될 수 있을 뿐 결코 가언적 명령법으로는 표현될 수 없다는 것을 충분히 설명했다. 더욱이 우리는 이미 충분히 모든 의무의 원칙에(과연 그런 것이 있다면) 들어 있어야 하는 정언적 명령법이 무엇인지를 모든 경우에 사용되도록 분명하게 제시했다. 그러나 우리는 아직 그러한 명령법이 실제로 있다는 것, 어떠한 동기도 없이 스스로 절대적으로 명령하는 실천적 법칙이 있다는 것, 그리고 이런 법칙들을 따르는 것이 의무라는 것을 선험적으로 증명

하는 데까지는 나아가지 못했다.

그렇게 증명하려고 할 때는 다음의 경고를 받아들이는 것이 매우 중요하다. 즉 이 원칙의 실재성을 인간 본성의 특수한 성질에서 끌어내는 것은 생각조차 하지 말아야 한다는 것이다. 왜냐하면 의무는 행위의 실천적이고 무조건적인 필연성이고[의무는 어떤 행위를 반드시 무조건 실천해야 한다는 것이고], 그러므로 의무는 모든 이성적인 존재(어쨌든 명령법은 이성적인 존재에게만 해당될 수 있다)에게 적용되어야 하는데, 오직 그 이유만으로 역시 모든 인간의 의지에 대해 법칙이 되어야 하기 때문이다. 반면에 인간이 특별히 타고난 소질에서, 일종의 감정들과 성벽들에서, 더 나아가 가능하면 인간의 이성에만 특유하고 그래서 모든 이성적인 존재[신을 포함하여]의 의지에 모두 적용되지는 않는 특수한 성향에서 이끌어내진 것은 우리에게 준칙을 줄 수 있을 뿐 법칙을 줄 수는 없다. 즉 우리가 성벽과 경향성을 가진다면, 우리가 행위할 때 따르는 주관적 원칙[준칙]은 줄 수 있지만 우리의 모든 성벽, 경향성, 타고난 성향이 반대할지라도 우리가 행위할 때 따라야 하는 것으로 제시된 객관적 원칙[법칙]은 줄 수 없다. 더욱이 주관적 원인들[성벽, 경향성]이 객관적 원칙에 더 적게 호응할수록, 즉 더 반대할수록[객관적 원칙이 인간의 감정이나 성벽에 맞지 않을수록], 의무 안에서 명령의 숭고함과 내적 위엄이 더 많이 보일 뿐만 아니라, [주관적 원인들이 반대한다 해도] 법칙에 의한 강제력이 약해진다거나 법칙의 타당성이 줄어드는 일은 전혀 없다.

여기서 철학은 이제 사실상 곤란한 입장에 서게 되는데, 하늘이나 땅 위에 매달리거나 의지할 것이 아무것도 없음에도 불구하고 확고해야 하는 것이다. 철학은 자기 법칙을 자기 안에 담고 있는 것으로서의 순수함을 증명해야 하며[철학은 자기의 법칙을 자기 안에서, 다른 어떤 것에도 의존하지 않고 정당화하는 일에만 몰두해야 하며], 이식된 감관이든 후견하는 본성이든 어떤 무엇이 철학에게 알려주는 그러한 법칙을 전해주는 전령은 아니다. 그러한 법칙들이 전혀 없는 것보다는 훨씬 낫겠지만, 그것들을 모두 합해도 결코 근본 법칙이 나올 수는 없다. 이성이 이 원칙들을 불러주었고, 그래서 그 원칙들의 원천이 완전히 선험적이어야만 하고, 그러므로 동시에 명령하는 위엄을 가져야 하는 것이다. 그 위엄은 인간의 경향성에는 아무것도 기대하지 않고, 법칙의 모든 주권[최고 권력]과 법칙에 주어지는 모든 존경심을 기대한다. 이 기대가 어긋나면 인간에게 자기 경멸과 내적 혐오라는 벌을 내린다.

그러므로 경험적인 것은 모두 도덕의 원칙에 덧붙여진 것[군더더기]으로서, 도덕의 원칙에 전혀 쓸모 없을 뿐 아니라 도덕의 순수함 자체를 훼손하는 것이다. 도덕에서 절대적으로 선한 의지만이 갖는 모든 가격을 초월한 가치가 바로 행위의 원칙이 경험만이 제공할 수 있는 우연적인 근거의 영향에서 완전히 자유롭다는 점에 있기 때문이다. 원칙을 경험적인 동인과 경험적인 법칙에서 찾으려 하는 게으름과 저급한 사유 방식에 대해서는 아무리 많이 그리고 자주 경고해도 지나치지 않을 것이다. 왜냐하면 피곤해진 인간의 이성은 기꺼이 이 푹신한 베개를 베고 쉬면서, 달콤한 환상을(이것 때문에 이성은 주노Juno[28] 대신에 구름을 껴안는다) 꿈꾸면서 도덕의 자리에 전혀 다른 혈통의 종자들을 엮어서 만든 잡종을 대신 가져다 놓기 때문이다. 이 잡종은 사람이 보고 싶어 하는 것이 무엇이든 그것과 비슷해 보이지만, 참된 모습의 덕을 한 번이라도 본 사람이 보기에는[29] 덕과 조금도 닮지 않았다.

따라서 문제는 이것이다. 스스로 보편적인 법칙이 되어야만 한다고 바랄 만한 준칙에 따라 언제나 자기의 행위를 평가하라는 것이 모든 이성적인 존재[신을 포함하여]에게 필연적인 법칙일까? 그런 [모든 이성적인 존재에게 필연적인] 법칙이라면, 그것은 이성적인 존재 일반의 의지라는 개념과 이미 (완전히 선험적으로) 결합되어 있어야만 한다. 그런데 이러한 결합을 발견하려면, 내키지는 않겠지만, 말하자면 형이상학으로 걸음을 내디뎌야만 하는데, 이 형이상학은 사변[이론] 철학의 영역과는 구별되는 형이상학의 영역, 즉 도덕 형이상학인 것이다. 실천 철학에서 우리가 관심을 갖는 부분은 427 어떤 일이 일어나는 근거를 받아들이는 것이 아니라, 한 번도 일어난 적이 없다고 해도 일어나야만 하는 것에 대한 법칙을, 즉 객관적이고 실천적인 법칙을 받아들이는annehmen 것이다. 그러한 실천 철학에서 우리는 어떤 것이 왜 마음에 들고 들지 않는지, 단순히 감각적인 즐거움이 취미와 어떻게 구별되는지, 그리고 그 취미가 이성의 보편적인 만족과 구별되는지 구별되지 않는지에 대한 근거를 탐구할 필요가 없다. 쾌와 불쾌라는 감정이 무엇에 기인하는지, 그리고 어떻게 그것에서 욕구와 경향성이 생기고, 또 어떻게 욕구와 경향성에 이성이 같이 작용해서 준칙이 생기는지에 대한 것도 마찬가지다. 왜냐하면 이 모든 물음이 경험적인 심리학Seelenlehre에 속하는데, 자연학이 경험적인 법칙들에 근거하는 한 자연 철학이라고 한다면, 경험적인 심리학은 자연학의 두 번째 부분을 이룰 것이기 때문이다. 그러나 여기서 논하는 것은 객관적이고 실천적인 법칙이며, 따라서 의지가 오직 이성에 의해서만 결정되는 한에서 의지가 자기 자신에 대해 갖는 관계다. 이때에는 경험적인 것에 관련되는 모든 것이 저절로 떨어져 나가는데, 이성이 오직 혼자 행동을 결정한다면(그럴 수 있는 가능성을 이제 탐구하려고 한다) 그것을 반드시 선험적으로 하기 때문이다.

의지란 어떤 법칙에 대한 표상에 맞춰 행동하도록 자신을 결정하는 능력이라고 생각된다. 그리고 그러한 능력은 이성적 존재 안에서만 발견될 수 있다. 그런데 의지가 스스로를 결정하는 데 객관적인 근거가 되는 것이 목적이고, 이 목적이 단지 이성에 의해서만 주어진다면, 그 목적은 모든 이성적인 존재에게 마찬가지로 적용되어야 한다. 이와 반대로 그 행위의 작용[그 행위가 일으키는 것]이 바로 목적인 행위가 가능할 수 있는 근거만을 포함한 것을 수단이라 한다. 욕망의 주관적 근거는 동기이고, '하려고 한다'[의욕]의 객관적 근거는 동인이다. 이렇게 해서 동기에서 기인하는 주관적 목적과, 모든 이성적인 존재에 적용되는 동인에 달려 있는 객관적 목적은 구별된다. 실천적인 원칙들은 모든 주관적인 목적들을 무시할 때 형식적이다. 그러나 주관적 목적들, 따라서 어떤 동기들을 근거로 삼을 때는 내용적이다. 이성적인 존재가 자기 행위의 작용[자기 행위가 일으키게 될 것]이라고 마음대로 설정한 목적(내용적 목적)은 모두 상대적일 뿐이다. 왜냐하면 이러한 목적들은 주체에 특별히 갖추어진 욕구 능력과 관련해서만 가치를 갖기 때문이고, 따라서 이 가치는 보편적인 원칙, 모든 이성적인 존재뿐만 아니라 모든 '하려고 한다'[의욕]에 대해 적용되는 필연적인 원칙, 즉 실천적 법칙을 제공 428 할 수 없기 때문이다. 그러므로 이 상대적인 목적들은 모두 다만 가언적 명령법의 근거일 뿐이다.

그러나 그것이 있다는 그 자체로도 절대적인 가치를 지니는, 목적 그 자체이기 때문에 특정한 법칙의 근거가 될 수 있는 어떤 것이 있다고 가정한다면 그것 안에, 그리고 오직 그것 안에만 가능한 정언적 명령법의 근거, 즉 실천적인 법칙의 근거가 놓이게 될 것이다.

이제 나는 이렇게 말한다. 인간은 그리고 일반적으로 이성적인 존재는 모두 목적 그 자체로서 존재하는 것이며, 단순히 이런 저런 의지가 마음대로 사용하는 수단으로서 존재하는 것이 아니다. 그래서 인간과 이성적인 존재는 모두 자신에게 하는 행위든, 다른 이성적인 존재에게 하는 행위든 모든 행위에서 언제나 동시에 목적으로도 생각되어야 한다. 경향성의 모든 대상은 단지 제한된 가치만을 지닌다. 만약 경향성과 그것에 근거한 필요가 없다면 그 경향성의 대상도 가치가 없을 것이기 때문이다. 그리고 필요의 원천인 경향성 자체는 그것을 바라게 하는 절대적인 가치를 거의 갖고 있지 않아서, 모든 이성적인 존재가 보편적으로 그 경향성에서 완전히 벗어나고 싶어 할 정도다. 따라서 우리의 행위를 통해 얻어지게 될 모든 대상의 가치는 언제나 조건지워져 있다. 그것이 있다는 것이 우리의 의지가 아니라 자연에서 기인하는 존재는, 이성이 없는 존재라면 다만 수단으로서의 상대적인 가치만을 지닐 것이고 따라서 물건Sache이라고 불린다. 다른 한편 이성적인 존재는 인격이라고 불리는데, 이성적인 존재의 본성이 이미 자신을 목적 자체로서, 즉 단순히 수단으로서만 사용되어서는 안 되는 어떤 것으로 특징 짓고, 따라서 [단순히 수단으로서만 사용하려는] 그러한 모든 자의Willkür[30]를 제한하기 때문이다(그래서 존경심의 대상이다). 그러므로 인격은, 우리 행위의 작용으로서 있는, [우리가 행위해서 일어난 것이기 때문에] 우리에 대해 가치를 지니는 단순히 주관적인 목적[사물]이 아니라, 객관적인 목적이다. 즉 그것이 있다는 것 자체가 목적인 것, 그 목적을 단지 수단으로 삼는[그 목적보다 더 높은] 다른 어떤 목적을 그것 대신에 세울 수 없는 것이다[인격은 어떤 목적의 수단이 될 수 없는 가장 높고 가장 궁극적인 목적이다]. 왜냐하면 그런 것[수단이 될 수 없는 최상의 목적인 것]이 없다면 어디서도 절대적인 가치를 지닌 것을 전혀 찾을 수 없을 것이기 때문이다. 그리고 모든 가치가 제한되어 있고 따라서 우연적이라면, 이성은 어디서도 최상의 실천적인 원칙을 발견할 수 없을 것이다.

그러므로 최상의 실천적인 법칙이, 그리고 인간의 의지와 관련해서는 정언적 명령법이 있어야 한다면, 그것은 목적 그 자체이기 때문에 모든 사람이 반드시 목적으로 삼아야 하는 것을 마음에 떠올림으로써 의지의 객관적인 원칙을 이루고 따라서 보편적인 실천적 법칙이 될 수 있는 것이어야만 한 429
다. [목적 그 자체라는 생각만으로도 모든 사람이 따라야 하는 법칙이 된다. 왜냐하면 목적 그 자체는 주관적인 것이 아니라 객관적인 것이기 때문이다.] 이 원칙의 근거는 이렇다. 이성적인 본성은 목적 그 자체로 존재한다. 인간은 자기 자신의 현존을 이런 식으로 생각할 수밖에 없다. 그렇게 생각하는 한, 그것은 인간이 행위할 때의 주관적 원칙이기도 하다. 그런데 다른 모든 이성적인 존재 역시 나에게 적용되는 바로 그 이성에 근거해서, 자기가 있다는 것을 목적 그 자체로 생각한다[표상한다].31 그러므로 그 원칙은 [주관적인 원칙인] 동시에 객관적인 원칙이고, 최상의 실천적인 근거이므로 의지의 모든 법칙이 이것에서 도출될 수 있다. 따라서 실천적 명령법은 이렇게 될 것이다. 네 인격 안의 인간성뿐만 아니라 모든 사람의 인격 안의 인간성까지 결코 단지 수단으로만 사용하지 말고, 언제나 [수단과] 동시에 목적으로도 사용하도록 그렇게 행위하라. 우리는 이것이 실행될 수 있는지 보려고 한다.

앞에서 든 예를 다시 들어보면 이렇게 된다.

첫째는, 자기 자신에 대한 필연적인 의무라는 개념에 관한 것으로, 자살을 기도하는 사람은 자기의 행위[자살]가 목적 그 자체인 인간성이라는 이념과 양립할 수 있는지 스스로 묻는다. 힘든 상태를 벗어나기 위해 자신을 파괴한다면, 그는 하나의 인격을 단순히, 죽을 때까지 고통스럽지 않게 지내기 위한 하나의 수단으로서만 이용하는 것이다. 그런데 인간은 결코 사물이 아니고, 따라서 단순히 수단으로만 사용될 수 있는 것이 아니다. 오히려 인간은 그가 무슨 행위를 하든 언제나 목적 그 자체로 간주되어야 하는 것이다. 그러므로 나는 내 인격 안에 있는 인간을 불구로 만들거나 상처를 입히거나 죽일 수 없다(모든 오해를 피하기 위해 이 근본 법칙을 더 자세히 규정하는 것, 예를 들어 살아남기 위해 신체를 절단하는 것, 나의 생명을 유지하기 위해 나의 생명을 위험에 내맡기는 것 등에 대해서는 여기서 그냥 지나쳐야 한다. 그것은 바로 도덕이라는 것에 속하기 때문이다[따라서 도덕성의 근본 법칙을 탐구하는 도덕 철학에서는 다루지 않는다]).

둘째, 다른 사람에 대한 필연적인 의무, 또는 다른 사람에게 빚지고 있는 의무에 관한 것이다. 다른 사람에게 거짓 약속을 하려고 마음 먹은 사람은 그렇게 하자마자 자기가 다른 한 사람을, 그 사람이 [수단임과] 동시에 그 자체로 목적이라는 것을 무시하고 단순히 수단으로만 사용하려 한다는 것을 알아차릴 것이다. 왜냐하면 거짓 약속을 해서 내 생각대로 이용하려는 그 사람은, 자기를 대하는 나의 행동 방식에 도저히 동의할 수 없고, 스스로 그 자신이 그 행위[거짓 약속]의 목적을 지닐 수도 없기 때문이다. 다른 인간의 원칙에 대한 이러한 대립은, 타인의 자유와 재산을 침해하는 예를 보면 더욱 분명해진다. 왜냐하면 타인의 자유와 재산을 침해할 때, 인간의 권리를 침해하는 자는 타인의 인격을 단순히 수단으로서만 사용하려고 할 뿐, 이성적인 존재인 그들이 언제나 동시에 목적으로도 생각되어야만 한다는 것, 다시 말해 그 동일한 행위[인간의 권리를 침해하는 행위]의 목적을 자기 안에 지닐 수 있어야 하는 존재로 생각되어야만 한다는 것을 무시하고 있음이 분명하기 때문이다.[32]

430

셋째, 자기 자신에 대한 우연적인(칭찬받을 만한) 의무에 관한 것으로, 행위가 목적 그 자체인 인격 안의 인간성에 대립하지 않는 것만으로는 충분하지 않고, 행위 또한 그것에[목적 그 자체인 인간성에] 조화되어야 한다. 그런데 인간성 안에는 더욱 완전해져야 할 소질이 있고, 우리 주체는 인간성과 관련된 자연의 목적을 위해 이 소질을 갖고 있는 것이다. 이 소질을 [계발하지 않고] 내버려두는 것이 목적 그 자체인 인간성을 [훼손하지 않고] 유지해야 한다는 것과는 어쨌든 양립할 수 있겠지만, 이 목적[인간성]을 향상시켜야 한다는 것과는 양립할 수 없을 것이다.

넷째, 타인에 대한 칭찬받을 만한 의무에 관한 것으로, 모든 사람이 가진 본성적 목적[자연 목적]이 자기 자신의 행복이다. 그런데 타인의 행복을 위해 무엇을 보태주지는 않더라도 타인의 행복에서 무엇을 일부러 빼앗는 사람이 없다면, 사실 인간성은 존속할 수 있을 것이다. 그렇지만 이것은 각자가 최선을 다해 타인의 목적을 향상시키려고 노력하지 않는다면, 다만 목적 그 자체인 인간성에 소극적으로 일치하는 것일 뿐 적극적으로 일치하는 것은 아니다. 왜냐하면 목적 그 자체라는 생각[표상]이 나에게 작용한다면, 목적 그 자체인 그 주체[타인]의 목적[행복]은 또한 가능한 한 나의 목적[행복]이기도 해야만 하기 때문이다.[33]

인간성과 모든 이성적인 본성 일반은, 목적 그 자체라는 이

원칙은(인간 각자의 행위의 자유를 제한하는 최상의 조건인데) 경 431
험에서 빌려온 것이 아니다. 첫째, 이 원칙은 그 보편성 때문
에 이성적인 존재 일반에게 적용되고, 따라서 경험은 그것에
대해 어떤 것을 규정하기에 부족하기 때문이다. 둘째, 그 목
적의 원칙에서 인간성은 인간들의 목적으로서(주관적으로),
즉 사람들이 실제로 스스로 목적으로 삼는 대상으로서 표상
되는 것이 아니라 객관적인 목적으로서 표상되고, 따라서 순
수한 이성에서 생겨나야 하기 때문이다. 이 객관적인 목적은
법칙이기 때문에, 우리가 어떤 목적을 갖든 상관없이 모든
주관적인 목적을 제약하는 최상의 조건이 되어야 한다.34 다
시 말해 모든 실천적인 '법칙주기'의 근거는, 객관적으로는 규
칙과 규칙이 법칙(결국 자연 법칙)이 될 수 있게 만드는 보편
성이라는 형식 **안에** 있지만(첫 번째 원칙에 따라), 주관적으로
는 목적 안에 있다. 그런데 모든 목적의 주체는 각각 이성적
인 존재이고, 목적 그 자체이다(두 번째 원칙에 따라). 이제 이
로부터 의지가 보편적이고 실천적인 이성과 조화를 이루기
위한 최상의 조건으로서 의지의 세 번째 실천적 원칙이 나오
는데, 보편적으로 법칙을 주는 의지는 이성적인 존재 각각의 의지
라는 이념이다.

　의지에 고유한 보편적인 '법칙주기'[의지가 자기 자신에게
주는 보편적인 법칙]와 공존할 수 없는 모든 준칙은 이러한
원칙에 따라 거부된다. 따라서 단순히 의지가 법칙에 복종하

고 있는 것이 아니라 의지가 스스로 법칙을 주는 것이고, 또 그렇기 때문에 가장 먼저 법칙에(의지 자신이 스스로를 이 법칙을 만든 자로 간주할 수 있다) 복종하는 것으로 생각될 수밖에 없도록 복종하고 있는 것이다.

앞에서처럼 생각된[표상된] 명령법들, 즉 행위가 자연 질서와 닮은 보편적 법칙에 일치해야 한다거나 이성적 존재 그 자체가 보편적으로 목적에서 우선되어야 한다거나 하는 명령법들은 자기의 명령적 권위에 어떠한 관심도 동기로서 섞이지 않도록 했는데, 그것은 바로 그 명령법들이 정언적이라고 생각되었기 때문이다. 그런데 그 명령법들이 오직 정언적인 것으로만 생각되는 것은, 의무라는 개념을 설명하려고 하면 정언적인 것으로 생각하지 않을 수 없기 때문이다. 그러나 정언적으로 명령하는 실천적인 명제들이 있다는 것은 그 자체로 증명될 수 없을 것이고, 이 장 전체에서도 또 여기에서도 증명될 수 없다. 그렇지만 한 가지만은 증명될 수 있을 것이다. 즉 '의무이기 때문에' '하려고 할' 때, 모든 관심을 포기해야 한다는 것은 정언적 명령법을 가언적 명령법과 구별하는 특수한 표식으로서, 정언적 명령법 자체에서 그 명령법이 담고 있는 어떤 한 규정에 의해 함께 암시된다는 것이다. 그리고 이것은 지금 다루고 있는 원칙의 세 번째 표현 양식, 즉 보편적으로 법칙을 주는 의지로서의 이성적인 존재 각각의 의지라는 이념에서 일어난다.

432

왜냐하면 그러한 의지를 생각해보면, 법칙을 따르고 있는 어떤 의지가 여전히 어떤 관심 때문에 이 법칙에 매여 있을 수도 있겠지만, 그 자신이 맨 꼭대기에서 법칙을 주고 있는 의지는 그렇게 하고 있는 한 결코 어떤 관심에 의존할 수 없기 때문이다. 왜냐하면 그런 의존하는 의지는 그 자체가 아직도 다른 한 법칙을, 즉 자기애에 대한 관심을 제한해 보편적 법칙으로서 타당하게 하는 법칙을 요구할 것이기 때문이다.[35]

그러므로 자기의 모든 준칙을 통해 보편적으로 법칙을 주는 의지[36]로서의 각각의 인간 의지라는 원칙은, 만약 그것이 전적으로 옳다면 다음과 같은 점에서 정언적 명령법에 잘 들어맞을 것이다. 즉 그 원칙은 보편적으로 법칙을 준다는 바로 그 이념 때문에 어떠한 관심에도 근거하지 않고, 또한 모든 가능한 명령법 중에서 유일하게 무조건적일 수 있다는 것이다. 또는 이 명제를 거꾸로 하면 훨씬 더 나을 것이다. 만약 정언적 명령법(즉 모든 이성적인 존재 각각의 의지에 대한 법칙)이라는 것이 있다면, 그 명령법은 보편적으로 '법칙을 주는 것'으로서의 의지 자체를 동시에 대상으로 삼을 수 있는 의지, 바로 그러한 의지의 준칙에서 나온 모든 것을 하라고 명령할 수 있을 뿐이라고.[37] 왜냐하면 오직 그럴 때만 실천적인 원칙과, 의지가 복종하는 그 명령법이 의지가 전혀 관심을 근거로 삼을 수 없으므로 무조건적이기 때문이다.

도덕의 원칙을 발견하려고 했던 지금까지의 모든 노력을 돌이켜보면, 그러한 노력이 실패했다는 것이 전혀 놀랍지 않다. 인간이 자기의 의무를 통해 법칙에 구속되어 있다는 데는 생각이 미쳤지만, 인간은 오직 자기 자신이 주는[주관적] 법칙이면서도 여전히 보편적인(객관적) 법칙만을 따르며, 자기 자신의 의지이지만 본성적 목적[자연 목적]에 따라 '보편적으로 법칙을 주는' 의지에 맞게 행위하도록 구속되어 있을 뿐이라는 생각은 떠오르지 않았다. 왜냐하면 인간이 오직 하나의 법칙만(어떤 것이든) 따른다고 생각한다면, 그것은 인간의 의지에서 생겨난 법칙이어서가 아니라 인간의 의지가 어떤 다른 것에 의해 법칙에 맞게 일정한 방식으로 행위할 수밖에 없게 된 것이고, 따라서 그런 법칙은 자극이나 강제와 같은 어떤 관심을 달고 다닐 수밖에 없기 때문이다. 도저히 피할 수 없는 이러한 결론 때문에, 의무의 최상의 근거를 찾으려 했던 모든 노고가 수포로 돌아갔던 것이다. 왜냐하면 어떤 관심이라는 것에서는 의무가 나온 적이 결코 없고, 다만 행위의 필연성만이 나왔기 때문이다. 그런데 이 관심은 자기의 것이든 다른 사람의 것이든 둘 중 하나일 것이다. 그때 그 명령법은 언제나 조건지어질 수밖에 없고, 따라서 도덕적인 명령에는 결코 적합할 수 없었다. 그러므로 나는 이 근본 법칙을, 타율성에 속하는 다른 모든 것에 대비시켜서, 의지의 자율성의 원칙이라고 부를 것이다.

자기 의지의 모든 준칙을 통해 자신을 보편적으로 법칙을 주는 자로 생각해야 하고, 그런 관점에서 자기 자신과 자기의 행위를 평가해야 하는 각각의 이성적인 존재라는 개념은 그것에 딸린 매우 풍성한 개념, 즉 목적의 나라라는 개념으로 나아간다.

그런데 나는 다양한 이성적인 존재들이 공동의 법칙을 통해 체계적으로 결합하고 있는 것을 나라라고 한다. 그런데 법칙은 목적을 그 보편적 타당성에 따라 결정하므로, 만약 이성적인 존재의 개인적 차이와 또한 그들의 사사로운 목적 Privatzweck에 속하는 모든 것을 떼어내버린다면, 모든 목적의 전체(이성적인 존재 각자가 스스로에게 세우게 될 고유한 목적들뿐만 아니라, 목적 자체인 이성적인 존재까지 포함한)는 체계적으로 결합된 것으로, 즉 목적의 나라로 생각될 수 있을 것이다. 그런 목적의 나라는 앞의 원칙에 따라 가능하다.

왜냐하면 이성적인 존재는 모두 자기 자신 각자와 모든 다른 이성적인 존재를 결코 단순히 수단으로만 다루어서는 안 되고, 언제나 [수단과] 동시에 목적 그 자체로 다루어야 한다는 법칙 아래 있기 때문이다. 그리고 이 때문에 공동의 객관적인 법칙에 의한 이성적인 존재들의 체계적인 결합, 즉 하나의 나라가 생긴다. 이 나라는, 이성적인 존재들이 서로 목적과 수단이 되는 관계를 의도하고 있으므로, 목적의 나라(물론 하나의 이상일 따름이지만)라 불릴 수 있다.

그런데 한 이성적인 존재가 목적의 나라 안에서 보편적으로 법칙을 줄 뿐만 아니라 이 법칙 자체에 복종하고 있기도 하다면, 그는 구성원으로서 목적의 나라에 속해 있는 것이다. 만약 법칙을 주기만 할 뿐 다른 이성적인 존재의 어떠한 의지에도 전혀 복종하고 있지 않다면, 그는 우두머리로서 속해 있는 것이다.

434 　이성적인 존재는, 의지의 자유에 의해 가능한 목적의 나라 안에서, 구성원이든 우두머리든 상관없이 언제나 '법칙을 주는 자'로 간주되어야 한다. 그러나 우두머리의 자리는 단순히 자기 의지의 준칙을 통해 주장될 수는 없고, 의지대로 할 수 있는 능력을 요구하지도 제한되지도 않는[무엇이든 의지한 대로 할 수 있는] 완전히 독립된 존재일 때에만 그렇게 주장할 수 있다.

　그러므로 도덕성은 모든 행위의 관계에서 성립하는데, 오직 이 '법칙주기'를 통해서만 목적의 나라가 가능하다. 그리고 이러한 '법칙주기'는 바로 모든 이성적인 존재 안에서 발견되어야 하고, 이성적인 존재의 의지에서 생겨날 수 있어야 한다. 따라서 그 의지의 원칙은, 보편적인 법칙이 되어도 여전히 준칙으로 존속할 수 있는 오직 그런 준칙에 따라서만 행위하라는 것이고, 곧 의지가 자기의 준칙에 의해 스스로를 동시에 보편적으로 법칙을 주는 것으로 생각[간주]할 수 있도록 행위하라는 것이다.[38] 그런데 그 준칙들이 보편적으로 법칙을 주는 이성적인 존재의 이러한 객관적인 원칙에 그 본성 때문에 이미 필연적으로 일치하지 않는다면, 그때 이 [객관적인] 원칙에 따라 행위해야 하는 필연성을 실천적 강제, 즉 의무라고 부른다. 의무는 목적의 나라에서 우두머리에게는 주어지지 않지만 모든 구성원 각자에게, 그것도 모두에게 똑같이 주어진다.

이 원칙에 따라 행위해야 한다는 실천적인 필연성, 즉 의무는 결코 감정, 충동, 경향성 등에서 나오지 않고, 오직 이성적인 존재들 사이의 관계에서만 나온다. 그 관계에서는 이성적인 존재의 의지가 언제나 동시에 법칙을 주는 것으로 간주되어야 하는데, 그렇지 않다면 이성적인 존재는 의무를 목적 그 자체로 생각할 수 없을 것이기 때문이다. 따라서 이성은, '보편적으로 법칙을 주는' 의지의 모든 준칙을 다른 모든 의지에 적용하고, 또한 자기 자신이 하는 모든 행위에도 적용한다. 이렇게 하는 것은 다른 어떤 실천적인 동인이나 미래의 이익을 위해서가 아니라, 자신이 [다른 이성적인 존재에게 줌] 동시에 자신에게도 준 법칙 외에는 따르지 않는 이성적인 존재의 존엄성이라는 이념 때문이다.

목적의 나라에서 모든 것은 가격을 갖든지 존엄성을 갖는다. 가격을 갖는 것은 같은 가격의 어떤 다른 것으로 바꾸어 놓을 수도 있다. 반면, 모든 가격을 초월해 있어 같은 가격을 갖는 것을 전혀 허용하지 않는 것은 존엄성을 갖는다.

인간에게 보편적인 경향성과 필요에 관련된 것은 시장 가격을 갖는다. 필요가 있는 것이 아니면서도 어떤 취미에 맞는 것, 즉 우리 마음의 힘Gemütskraft이 제멋대로 노는 것을 만족시켜주는 것은 애호 가격[수집가 또는 애호가가 특히 탐나는 물건을 사려 할 때 부르는 엄청나게 비싼 값]을 갖는다. 그러나 어떤 것이 목적 그 자체가 될 수 있게 하는 유일한 조건이 되는 그것은 단순히 상대적인 가치, 즉 가격을 갖는 것이 아니라 내적인 가치, 즉 존엄성을 갖는다.

그런데 이성적인 존재가 목적 자체가 될 수 있게 하는 유일한 조건은 도덕성이다. 왜냐하면 목적의 나라에서 법칙을 주는 구성원이 되는 것은 도덕성에 의해서만 가능하기 때문이다. 따라서 도덕성과 도덕적일 수 있는 한에서 인간성이 유일하게 존엄성을 갖는 것이다. 일에 숙달되고 근면한 것은 시장 가격을 갖고 재치, 왕성한 상상력, 변덕 등은 애호 가격을 갖는다. 반면에 약속에서의 신의와 근본 법칙들에 따른 (본능에 따른 것이 아니라) 친절은 내적인 가치를 갖는다. 자연이나 기예Kunst에도 그런 것들[신의, 친절]은 없으며, 또 대신할 수 있는 것도 없다. 왜냐하면 신의나 친절의 가치는 그것에 의한 작용이나 그것이 주는 이익과 유용성에 있는 것이 아니라, '마음의 태도', 즉 의지의 준칙에 있기 때문이다. 의지의 준칙은, 그것이 성공하지 못할지라도 이러한 방법으로 행위를 통해 자신을 드러낼 준비가 되어 있는 것이다. 또한 이러한 [준칙에 따라 실행되는] 행위는, 행위를 직접적인 혜택과 만족으로 보는 주관적인 성향이나 취미에 귀를 기울일 필요가 없고, 그러한 행위를 하게 되는 직접적인 성벽이나 감정도 필요 없다.[39] 그 행위는, 그것을 실행하는 의지를 직접적인 존경심의 대상으로 드러낸다. 그 행위를 하도록 의지를 달래는 것이 아니라 의지에 의무를 지우는 데는 오직 이성만 있으면 된다. 어쨌든 의지를 달래는 것은 의무에 모순될 것이다. 이렇게 생각해보면, 그러한 사유 방식의 가치를 존엄성으로 인식해야 하고, 그 존엄성은 모든 가격을 무한히 초월한다. 존엄성의 가격을 계산하고 비교하는 것은 곧 그것의 신성함을 모독하는 것이다.

그렇다면 도덕적으로 선한 '마음의 태도', 즉 덕이 그처럼 높은 권리를 요구하는 것이 정당한 이유는 도대체 무엇인가? 그것은 이성적인 존재가 보편적인 법칙을 주면서 덕 때문에 얻게 되는 몫일 뿐이다. 이것 때문에 이성적인 존재는 가능한 목적의 나라의 구성원이 될 수 있는데, 이성적인 존재 자신의 본성상 그렇게 되도록 이미 정해져 있는 것이다. 이성적인 존재는 목적 그 자체로서, 바로 그렇기 때문에 목적의 나라에서 법칙을 주는 것으로서 모든 자연 법칙에서 자유롭고, 다만 자기 스스로 준 것이고 자기의 준칙을 보편적인 법칙(동시에 자기도 복종하는)으로 될 수 있게 하는 그런 법칙에만 복종하는 것으로서 목적의 나라의 구성원이 되도록 정 436

해져 있다. 왜냐하면 법칙이 가치 있다고 결정한 것 외에는 어떤 것도 가치를 갖지 않기 때문이다. 그런데 모든 가치를 결정하는 '법칙주기' 자체는 바로 그 법칙을 준다는 것 때문에 존엄성을, 즉 무조건적이고 비교될 수 없는 가치를 가져야만 한다. 오직 존경심이라는 단어만이 이성적인 존재가 그것에 대해[법칙을 주는 일에 대해] 내려야 하는 평가를 알맞게 나타낸다. 따라서 자율성[스스로 법칙을 주는 것]은 인간 본성과 모든 이성적인 본성의 존엄한 근거이다.

그런데 도덕성의 원칙을 표상하는[마음에 떠올리는], 앞에서 밝힌 세 가지 방식은 근본적으로 동일한 법칙에 대한 세 가지 표현 양식일 뿐이고, 그중 하나는 나머지 두 가지를 원래 자기 안에 결합하고 있다. 그렇지만 그것들 사이에 여전히 차이는 있다. 그것은 객관적으로 실천적인 차이라기보다는 주관적으로 실천적인 차이, 즉 이성의 이념을 (어떤 유비에 의해) 좀더 잘 직관할 수 있게 해서 더 생생하게 느끼게 하기 위한 차이이다. 모든 준칙은 다음의 것들을 갖는다.

1) 형식, 이것은 곧 보편성이다. 여기서 도덕적 명령법의 표현 양식은 다음과 같다. 준칙은, 마치 그것들이 보편적인 자연 법칙과 같이 [보편적으로] 적용되어야 하는 것처럼 선택되어야 한다.

2) 내용Materie,[40] 즉 목적이다. 여기서 표현 양식은 다음과 같다. 이성적인 존재는 그 본성상 목적이므로, 따라서 목적

그 자체로서 단순히 상대적이고 각각의 모든 준칙에 자의적인 어떤 목적도 들어오지 못하게 한정해야만 한다.

3) 각자가 자신에게 법칙을 준 데서 비롯된 모든 준칙은 자연의 나라로서의 가능한 목적의 나라[41]와 조화를 이루어야 한다는 표현 양식으로 모든 준칙을 완전히 규정함.

여기서는 의지의 형식의 단일성(의지의 보편성)이라는 범주와 내용의(객체들의, 즉 목적들의) 다수성이라는 범주, 그리고 그것들의 체계인 전체성, 즉 총체성이라는 범주의 순서로 진행한다. 그러나 도덕에 관한 판단을 할 때는 항상 엄격한 방식을 따르는 것이, 그래서 정언적 명령법의 보편적인 표현 양식을 근거로 삼는 것이 더 낫다. 즉 준칙 스스로가 동시에 보편적인 법칙이 될 수 있는 준칙에 따라 행위하라는 것이다. 그렇지만 도덕 법칙을 동시에 널리 퍼뜨리려고 한다면 동일한 행위를 앞서 밝힌 세 가지 개념으로 검토하고, 그렇게 함으로써 가능한 한 좀더 잘 직관할 수 있게 하는 것이 매우 유용하다.

이제 우리는 처음에 출발했던 곳, 즉 무조건적으로 선한 의지라는 개념으로 끝맺을 수 있다. 악할 수 없는 의지, 따라서 그 준칙이 보편적인 법칙이 되어도 준칙 자신에게 결코 모순될 수 없는 의지는 절대적으로 선하다. 따라서 언제나 준칙이 법칙으로서 보편적이기를 네가 바랄 수 있는 그러한 준칙에 따라 행위하라는 원칙은 의지에 대한 최상의 법칙이기도 하다. 이것은 한 의지가 결코 자기 자신과 모순될 수 없는

437

유일한 조건이며, 그러한 명령법은 정언적이다. 가능한 행위에 대한 보편적인 법칙[도덕 법칙]으로서의 의지의 타당성[의지가 보편적 법칙에 맞게 행위할 때의 타당성]은 '지금 있는 것들'이 보편적인 법칙[자연 법칙]에 따라 빠짐없이[보편적으로 예외 없이] 결합하고 있는 것과 비슷하기 때문에 정언적 명령법은 또한 다음과 같이 나타낼 수 있다. 준칙이 스스로를 동시에 보편적 자연 법칙으로 취급할 수 있는 준칙에 따라 행위하라. 이렇게 해서 절대적으로 선한 의지를 나타내는 표현 양식이 제공되는 것이다.

이성적인 본성은 스스로 목적을 세운다는 점에서 나머지 본성들보다 두드러진다. 이 목적은 모든 선한 의지의 내용이 될 것이다. 그러나 (어떤 목적을 달성해야 하는) 제한하는 조건이 없는 절대적으로 선한 의지라는 이념에서는 [다른 것에 의해] 야기되어야 하는 목적을 (각각의 의지에 따라서만 상대적으로 선할 것이므로) 모두 완전히 무시하기 때문에, 절대적으로 선한 의지에서 목적은 야기되는 것이 아니다. 오히려 자립하는 목적으로서 소극적으로만 생각되어야 한다. 즉 결코 그것에 어긋나게 행위해서는 안 되며 각각이 '하려고 할' 때 언제나 단순히 수단뿐만 아니라 목적으로 여겨져야 하는 그런 목적으로 생각되어야 한다. 그런데 이 목적은 바로 가능한 모든 목적들의 주체라고밖에 달리 생각될 수 없는데, 이 주체가 동시에 가능한 절대적으로 선한 의지의 주체이기 때문이다. 왜냐하면 그러한 의지보다 더 높은 다른 대상이 있다면 모순일 것이기 때문이다.[42] 따라서 각각의 이성적인 존재(너 자신 그리고 다른 사람들)와 관련해서, '네 준칙에 이성적 존재 각자가 동시에 목적 그 자체로 적용될 수 있도록 행위하라'는 원칙은, '각각의 이성적인 존재에 대한 보편적인 타당성을 자기 안에 담고 있는 준칙에 따라 행위하라'는 근본법칙과 근본적으로 동일한 것이다. 왜냐하면 각각의 목적을 위해 수단을 사용할 때, 나의 준칙이 모든 주체에 대한 법칙으로서 보편적으로 적용되어야 한다는 조건을 붙여 그것[준칙]을 제한해야 한다고 말하는 것은 다음과 같이 말하는 것과 같기 때문이다. 즉 목적의 주체, 다시 말해 이성적인 존재 자신은 단순히 수단으로서만이 아니라 모든 수단을 사용하는 경우에 최상의 제한 조건으로서, 즉 언제나 동시에 목적으로서 모든 행위의 준칙에 근거가 되어야 한다는 것이다. 438

이제 이로부터 다음과 같은 결론이 나온다. 목적 그 자체인 각각의 이성적인 존재는, 어쨌든 자신이 복종해야 하는 모든 법칙에 대해 스스로를 동시에 보편적으로 '법칙을 주는 자'로 간주할 수 있어야 한다는 것이다. 왜냐하면 이성적인 존재의 준칙이 보편적으로 법칙을 주기에 적합하다는 사실이 이성적인 존재를 목적 그 자체로 특징 짓기 때문이다. 또한 모든 단순한 자연 존재에 앞서는 이성적인 존재가 갖는 존엄성(제왕의 대권) 때문에, 이성적인 존재는 자기의 다른 준칙을 언제나 자기 자신의 관점에서도 가져와야 하고, 또한 동시에 '법칙을 주는' 존재로서의(그래서 인격이라고 불린다) 모든 다른 이성적인 존재의 관점에서도 가져와야 한다[는 결론이 나온다]. 이렇게 해서 이성적인 존재들의 세계mundus intelligibilis가 목적의 나라로 가능한데, 그 구성원인 모든 인격들이 자기 자신에게 법칙을 주기 때문이다. 따라서 이성적인 존재 각자는, 마치 그 자신이 자기의 준칙에 의해 언제나 목적의 보편적 나라에서 '법칙을 주는' 구성원인 것처럼 행위해야만 한다. 이러한 준칙의 형식을 나타내는 원칙은 다음과 같다. 네 준칙이 동시에 (모든 이성적인 존재의) 보편적인 법칙이 되어야 할 것처럼 행위하라. 그러므로 목적의 나라는 오직 자연의 나라와의 유비에 의해서만 가능하다. 목적의 나라는 준칙, 즉 스스로 부과한 규칙에 의해서만 가능하고, 자연의 나라는 외부에서 강제로 작용하는 원인에 의해서만 가능하다. 그럼에도 불구하고 비록 기계로 간주되는 자연 전체도 자연의 목적인 이성적인 존재와 관련이 된다는 근거를 통해 자연의 나라라는 이름을 얻는다. [자연을 이성적인 존재와 관련해서 생각할 때 자연은 목적을 가진 것으로 간주된다.] 그런데 그러한 목적의 나라는 정언적 명령법이 모든 이성적인 존재에 대해 규칙으로 정해준 준칙을 통해 그것들이 보편적으로 준수된다면 바로 그 준칙들에 의해서 실제로 실현될 것이다. 그렇지만 이성적인 존재는 자기가 이 준칙 자체를 엄격하게 준수한다고 해서 다른 모든 이성적인 존재도 그 준칙에 충실할 것이라고 믿을 수 없다. 또한 자연의 나라와 목적에 맞는[맞추어진] 그 나라의 질서[자연 법칙]가 이성적인 존재, 즉 그 자신에 의해 가능한 목적의 나라의 온당한 구성원인 이성적인 존재와 조화를 이룰 것이라고, 다시 말해 행복을 바라는 그의 기대가 채워질 수 있을 것이라고 믿을 수 없다. 그렇다고 하더라도 그저 가능하기만 한 목적의 나라를 위해 보편적으로 '법칙을 주는' 구성원의 준칙에 따라 행위하라는 법칙은 전혀 효력을 잃지 않고 있다. 그 이유는 그 법칙이 정언적으로 명령하고 있기 때문이다. 그래서 바로 이 점에 다음과 같은 역설이 가능하다. 즉 [한편으로] 이성적인 본성으로서의 인간성이 갖는 존엄성은 그것을 통해[인간성을 수단으로 해서] 달성되어야 할 다른 어떤 목적이나 이익이 없기 때문에 단순한 이념에 대한 존경심이다. 그럼에도 불구하고 의지에 가차없이 지시해야 하고, [다른 한편] 준칙은 이러한 모든 동기들에 의존하지 않기 때문에 숭고하며, 또 목적의 나라에서 법칙을 주는 구성원인 이성적인 주체 각자가 존엄하다. 그렇지 않다면 이성적인 주체가 자연 법칙으로서의 자신의 필요에 복종한다고 생각해야 하기 때문이다.[43] 비록 자연의 나라가 목적의 나라와 함께 하나의 우두머리[신] 아래 결합해 있다고 생각되고, 그렇기 때문에 목적의 나라가 더이상 단순한 이념으로만 남는 것이 아니라 진정한

439

현실성을 갖는다 해도, 이것 때문에 목적의 나라라는 이념을 추구하려는 강한 동기는 증가하겠지만 그 이념의 내적 가치는 결코 커지지 않을 것이다.[44] 왜냐하면 두 나라가 결합한다 해도 이 유일하고 절대적인 '법칙을 주는 자'[신]조차 항상 이성적인 존재의 가치를, 오직 그들의 비이기적인 행동, 그 이념[목적의 나라의 이념]이 그들 자신에게 지시한 행동을 통해 평가한다고 생각되어야 하기 때문이다. 사물Ding의 본질은 그것의 외부 관계로 변하지는 않는다. 그래서 인간도 외부 관계를 생각하지 않고 인간의 절대적인 가치를 이루는 것에 따라 평가받아야 한다. 이는 누가 평가하든, 심지어 최고의 존재[신]가 평가하더라도 마찬가지다. 그러므로 도덕성은 행위가 의지의 자율성에 대해, 즉 의지가 준칙을 통해 할 수 있는, 보편적인 '법칙주기'에 대해 갖는 관계이다. 의지의 자율성과 공존할 수 있는 행위는 허락되지만, 그것에 일치하지 않는 행위는 허락되지 않는다. 의지의 준칙이 필연적으로 자율성의 법칙과 조화를 이루는 의지는 신성하고 절대적으로 선한 의지[신의 의지]이다. 절대적으로 선하지는 않은 의지[인간의 의지]가 자율성의 원칙(도덕적 강제)에 의지하는 것은 구속력이다. 따라서 구속력은 신성한 존재에는 적용되지 않는다. 구속력 때문에 어떤 행위를 객관적으로 해야만 하는 것[객관적 필연성]을 의무라고 부른다.

지금까지 살펴본 것을 통해 어떻게 해서 다음과 같은 일이 생기는지 이제 쉽게 설명할 수 있다. 즉 우리가 비록 의무라는 개념 아래서 법칙에 굴종하는 것을 생각하기는 하지만, 동시에 그 의무라는 개념 때문에 자기의 의무를 완수하는 인격에 대해 어떤 숭고함과 존엄성을 생각하게 되는 이유를 말이다. 인격이 도덕 법칙에 종속되어 있는 한 인격에 아무런 440 숭고함이 없지만, 동시에 인격이 바로 그 '법칙을 주고' 있으며 오직 그 때문에[스스로 법칙을 주고 있기 때문에] 법칙에 종속되어 있는 한 분명 숭고함이 있는 것이다. 또한 앞에서 보여주었듯이, 공포나 경향성이 아니라 오직 법칙에 대한 존경심만이 행위에 도덕적인 가치를 줄 수 있는 동기이다. 우리 자신의 의지가 자기의 준칙에 의해 가능한 보편적인 법칙을 주어야 한다는 조건을 지킬 때에만, 우리에게 이념으로서 가능한 의지가 존경심의 원래 대상이다. 그래서 인간성의 존엄성은 보편적으로 법칙을 줄 수 있다는 점에 있다. 다만 그 자신도 그 '법칙주기'에 종속되어야 한다는 조건이 있다.

도덕성의 최상 원칙인 의지의 자율성

의지의 자율성은 의지가 ('하려고 하는' 대상들이 어떤 성질을 지녔든 상관없이) 자기에게 하나의 법칙이 되는 성질이다. 그러므로 자율성의 원칙은 자기 선택의 준칙이 동시에 보편적인 법칙도 되기를 바랄 수 있게 오직 그렇게만 선택하라는 것이다. 이러한 실천적인 규칙이 하나의 명령법이라는 것, 다시 말해 이성적인 존재 각자의 의지가 자신을 제한하는 그 규칙에 필연적으로 구속되어 있다는 것은, 그 명령법 안에 있는 개념들을 분석한다고만 해서 증명될 수 있는 것이 아니다. 왜냐하면 명령법은 하나의 종합적인 명제이기 때문이다. [그래서 그것을 증명하기 위해서는] 객체에 대한 인식을 넘어 주체에 대한 비판, 즉 순수한 실천적 이성의 비판으로 나아가야 하는데, 왜냐하면 필연적으로 명령하는 종합적인 명제는 순전히 선험적으로 인식될 수 있어야 하기 때문이다. 그러나 이 장에서는 이것에 대해 다루지 않는다. 그렇지만 앞서 말한 자율성의 원칙이 도덕의 유일한 원칙이라는 것은 도덕성의 개념을 분석하는 것만으로도 아주 잘 드러날 수 있다. 왜냐하면 그런 개념 분석을 통해 도덕성의 원칙은 정언적 명령법이어야만 하고, 이것이 명령하는 것은 바로 그 자율성이라는 사실이 밝혀지기 때문이다.

441   도덕성에 대한 모든 사이비 원칙은
      의지의 타율성에서 생긴다

만약 의지가 자기의 준칙이 자기 자신의 보편적인 '법칙을 주는 일'에 알맞지 않고 다른 곳에서 법칙을 구한다면, 따라서 의지 자신을 넘어 의지의 객체들 가운데 어떤 하나가 가진 성질에서 법칙을 구한다면, 언제나 타율성이 생겨난다. 이 경우 의지가 자기 자신에게 법칙을 주는 것이 아니라, 그 객체가 의지와 맺어져 의지에게 법칙을 주는 것이다. 의지의 객체가 의지에게 법칙을 주는 관계에서는 그것이 경향성에 기인하든 이성에 대한 표상에 기인하든 상관없이 다만 가언적 명령법만이 가능할 것이다. 즉 내가 어떤 것을 '해야만 하는' 것은 곧 내가 다른 어떤 것을 '하려고 하기' 때문인 것이다. 이와 반대로 도덕적인, 따라서 정언적인 명령법은 내가 어떤 다른 것을 '하려고 하지' 않더라도 이러이러하게 행위'해야만 한다'고 말한다. 예를 들어, 가언적 명령법은 신용을 지키고자 한다면 내가 거짓말을 하지 말아야 한다고 말한다. 그러나 정언적 명령법은 [거짓말을 한다고 해서] 나에게 조금도 손해될 것이 없더라도 내가 거짓말을 하지 말아야 한다고 한다. 그러므로 정언적 명령법은 대상이 의지에 전혀 영향을 미치지 않도록 모든 대상을 무시해야 한다. 그렇게 함으로써 실천적 이성(의지)은 자기 것이 아닌 관심들을 그저 [초라하게] 관리하는 것이 아니라, 최상의 '법칙을 주는 것'으로서 호령하는 자신의 모습을 보여주게 된다. 예를 들면, 내가 타인의 행복을 촉진하기 위해 노력해야 하는 것은, 그들이 행복한 것이 나와 관련될 것 같아서가 아니라(직접적인 경향성에 의해서든, 이성을 통한 간접적인 어떤 만족에 의해서든 상관없이), 그저 타인의 행복을 배제한 준칙을 바라면서 동시에 그것이 보편적인 법칙이기를 바랄 수는 없기 때문이다.

타율성을 근본 개념으로 받아들이면 나올 수 있는 도덕성의 모든 원칙을 분류함

인간 이성은 여기에서, 이성을 비판하지 않고 순수하게 사용할 때면 언제나 그랬던 것처럼, 유일한 참된 길을 찾는 데 성공할 때까지 먼저 가능한 모든 잘못된 방법들을 시도했다.

타율성의 관점에서 얻을 수 있는 모든 원칙은 경험적이거나 아니면 합리적이다. 행복의 원칙에서 나온 **경험적인 원칙들**은 자연적인 감정 또는 '도덕적 감정'을 기초로 한다. 완전성의 원칙에서 나온 합리적인 원칙들은 [우리 의지의] 가능한 작용인 완전성이라는 이성 개념이나 우리 의지를 결정하는 원인인 자립하는 완전성(신의 의지)이라는 개념을 기초로 한다.

경험적인 원칙들은 결코 도덕 법칙의 근거가 될 수 없다. 왜냐하면 만약 도덕 법칙의 근거를 인간 본성의 특별한 성향이나 인간 본성이 처한 우연적인 환경에서 가져온다면, 도덕 법칙이 모든 이성적인 존재에 차별 없이 적용되어야 한다는 보편성과 그 보편성 때문에 도덕 법칙에 부과된 무조건적인 실천적 필연성이 없어져버리기 때문이다. 그러나 무엇보다도 자기 행복의 원칙이 가장 혐오스럽다. 그것은 다만 그 원칙이 거짓이고, 잘 행동하면 언제나 잘 살게 된다는 말이 경험에 모순되기 때문만은 아니다. 또한 어떤 사람을 행복하게 하는 것과 선한 사람이 되게 하는 것, 그리고 이 사람을 영리하고 자기 이익에 밝은 사람이 되게 하는 것과 그를 덕 있는 사람이 되게 하는 것이 완전히 다른 것이기 때문에 자기 행복의 원칙이 도덕성의 기초를 놓는 데 아무런 기여를 하지 못하기 때문만도 아니다. 오히려 [그 이유는] 자기 행복의 원칙이 도덕성을 파괴해서 그 숭고함을 모두 말살해버리는 동기들을 도덕성의 바탕으로 삼기 때문이다. 동기가 그렇게 하는 것은, 덕의 동인과 악덕의 동인을 하나의 부류로 놓고 더 잘 계산하는 법만을 가르칠 뿐 덕과 악덕의 특별한 차이를 완전히 없애버리기 때문이다. 이와 반대로, 단지 보편적인 법칙만이 문제인 경우에서조차 사유할 수 없는 사람들이 느낌의 도움을 받을 수 있다고 믿으면서 '도덕적 감정'을 끌어들이는 것은 천박한 일이라고 할 수 있고, 본성상 그 정도에서 서로 무한히 다른 감정을 선과 악이라는 동일한 잣대로 잴 수 없기 때문에 자기의 감정으로 다른 사람의 감정을 판단하는 것이 전혀 알맞을 수 없긴 하지만, 그럼에도 불구하고 '도덕적 감정', 특별하다고들 하는 이 감관은[45] 도덕성과 그 존엄성에 [자기 행복의 원칙보다는] 더 다가서 있다. 왜냐하면 '도덕적 감정'은 덕에 대한 만족과 높은 평가를 직접 덕에게 돌려서 경의를 표시하고, 또한 우리를 덕과 연결시키는 것이 덕의 아름다움이 아니라 다만 [덕이 가져다 주는] 이익일 뿐이라고 내놓고 말하지는 않기 때문이다.[46]

도덕성에 대한 합리적인, 즉 이성적인 근거들 가운데 완전성이라는 존재론적 개념(너무 공허하고 모호하기 때문에 가능한 실재의 무한한 영역에서 우리에게 맞는 최대의 총량을 발견하는 데 쓸모 없기는 하지만, 더욱이 여기서 말하는 실재[완전성]를 다른 모든 실재와 특별히 구별하려면 순환에 빠지는 것을 피할 수 없고, 설명해야 할 도덕성을 은밀하게 전제하지 않을 수 없긴 하지만 말이다)은, 그래도 모든 면에서 가장 완전한 신의 의지에서 그 완전성을 이끌어내는 신학적인 개념보다는 낫다. 그 이유[완전성에 대한 존재론적 개념이 신학적 개념보다 나은 이유]는, 단지 우리가 신의 의지의 완전성을 '직관'하지 못하고, 오직 우리의 '개념'에서만, 그 가운데 가장 뛰어난 것이 도덕성이라는 개념인데, 이끌어낼 수밖에 없기 때문만이 아니다. 이렇게 하지 않는다면[신의 의지의 완전성을 우리의 개념에서 이끌어내지 않는다면](그렇게 하면 설명이 조잡한 순환에 빠진다), 명예욕과 지배욕이 무시무시한 힘과 복수심과 결합해서 이루어진 신의 의지라는 개념이 도덕 체계의 기초가 되어야 하고, 그러한 체계는 도덕성과 정반대가 될 것이기 때문이기도 하다.

그러나 '도덕적인 감관'이라는 개념과 '완전성 일반'이라는 개념 사이에서(이 둘은 모두 도덕성의 기초가 되기에는 전혀 알맞지 않지만, 최소한 도덕성을 훼손하지는 않는다) 선택을 해야 한다면 나는 후자를 택할 것이다. 왜냐하면 '완전성 일반'이라는 개념은 최소한 문제의 해결을 '감각적인 것'에 맡기지 않고 순수한 이성의 법정으로 가져가 비록 여기서 아무것도 해결하지 못하더라도, (그 자체로 선한 의지라는) 모호한 이념을 더 자세히 규정하기 위해 순수한 상태로 잡아두고 있기 때문이다.

그 밖의 다른 점에서는 이러한 모든 학설에 대해 더 이상 장황하게 논박하지 않아도 될 것이다. 그러한 논박은 너무 쉬워서, 아마도 직책상 이 이론들 가운데 하나에 찬성해야 하는(방청객은 판결이 연기되는 것을 결코 좋아하지 않기 때문에) 사람들조차 논박은 쓸데없는 일이라는 것을 너무 잘 알고 있을 것이다. 그래서 우리가 여기서 더욱 관심을 갖는 것은, 이 원칙들은 모두 의지의 타율성을 도덕성의 제일 근거로 세우고, 바로 그렇기 때문에 반드시 자기의 목적을 이루지 못할 수밖에 없다는 사실을 아는 것이다.

의지를 결정하는 규칙을 의지에게 지시하기 위해, 의지의 444 객체를 근거로 삼아야만 하는 모든 경우에, 그 규칙은 다름 아닌 타율성일 뿐이고 명령법은 조건적이다. 다시 말해 이

[의지의] 객체를 '하려고 한다'면, 또는 '하려고 하기' 때문에 이러이러하게 행동'해야만 한다'는 것이다. 따라서 이 명령법은 결코 도덕적으로, 즉 정언적으로 명령할 수 없다. 그런데 객체가 '자기 행복의 원칙'에서처럼 경향성을 통해 의지를 결정하든, 아니면 '완전성의 원칙'에서처럼 우리가 어떻게든 '하려고 할' 수 있는 모든 대상들로 향하고 있는 이성을 통해 의지를 결정하든 [그 어느 경우에도] 의지는 오직 행위만을 떠올리면서 직접적으로 스스로를 결정한 것이 아니라, 그 행위가 일으킬 작용을 의지의 동기로 삼아 스스로를 결정한 것이다. [즉] 내가 어떤 것을 '해야만 하는' 이유는 내가 그것과 다른 어떤 것을 '하려고 하기' 때문이고, 그래서 여기서는 내 주체 안에 다른 어떤 법칙이 근거로 놓여 있어야만 한다. 나는 이 다른 법칙에 따라 필연적으로 그 다른 것을 '하려고 하고', 이 다른 법칙은 다시 그 준칙을 제한할 명령법을 필요로 한다. 왜냐하면 우리의 능력으로 가능한 객체라는 표상이 주체의 타고난 성질에 따라 그의 의지에 주게 되는 충동은 주체의 본성에 속하는데, 그것이 감각적인 것(경향성과 취미)의 본성이든 지성과 이성의 본성이든 상관없이 그 본성의 특별한 성향에 따라 대상에 자기 힘을 발휘하여 만족을 얻기 때문에, 원래 그 본성이 법칙을 준다고 할 수 있기 때문이다. 이 법칙 그 자체는 경험을 통해 인식되고 증명되어야 하고, 따라서 그 자체로 우연적이기 때문에, 도덕적인 규칙으로서의

필연적인 실천 규칙에 알맞지 않을 뿐 아니라 항상 의지의 타율성일 뿐이다. 즉 의지가 자기 자신에게 법칙을 주는 것이 아니라, 의지와는 무관한 바깥의 충동이 그 충동을 받아들이게 되어 있는 주체의 본성을 통해 의지에게 법칙을 주는 것이다.

반드시 정언적 명령법을 원칙으로 삼아야 하는 절대적으로 선한 의지는 그 어떤 대상에 대해서도 결정하지 않은 채, 단지 '하려고 한다'라는 것 일반의 형식만을 담고 있는 것인데, 그것도 자율적으로 '하려고 할' 때의 형식만을 담고 있다. 다시 말해 선한 의지 각각의 준칙이 스스로 보편적인 법칙으로 알맞아야 한다는 것이 바로 이성적인 존재 각자의 의지가 스스로에게 부과하는 유일한 법칙인 것이다. 이때 어떠한 동기나 관심도 의지의 근거가 되지 않는다.

그러한 종합적인 실천적 명제가 어떻게 해서 선험적으로 가능하며, 무엇 때문에 필연적인지는 더 이상 도덕 형이상학의 한계 안에서 해결되지 않는 과제이다. 또한 우리도 여기서 그 445 명제가 참이라고 주장하지 않았고, 또한 우리 힘으로 그것을 증명할 수 있다고 나선 적도 없었다. 다만 일반적으로 받아들여지고 있는 도덕성이라는 개념을 풀어 펼쳐봄으로써, 의지의 자율성이 그 개념과 피할 수 없게 결부되어 있거나 도리어 그 개념의 근거가 되고 있다는 것을 보였을 뿐이다. 그러므로 도덕성을 [실재하는] 어떤 것이라고 생각하고 아무런 진리도 없는 정체 불명의 이념이라고 생각하지 않는 사람이라면 누구나 앞에서 밝힌 도덕성의 원칙을 승인할 수밖에 없다. 그러므로 이 장은 제1장과 마찬가지로 분석적이기만 했다. 이제 도덕성이 결코 망상이 아니라는 것은 정언적 명령법이 참이고 그래서 의지의 자율성이 참이라면, 그리고 하나의 원칙으로서 선험적이고 절대적으로 필연적이라면 따라나오는 결론이다. 이것을 위해서는 순수한 실천적인 이성을 종합적으로 사용하는 것이 가능해야 하는데, 이러한 [실천적] 이성 능력 자체를 미리 비판하지 않고서는 감히 엄두도 내지 못할 일이다. 마지막 장에서 그 비판의 특색을 우리 의도에 충분히 제시할 것이다.

제3장

도덕 형이상학에서
순수 실천이성
비판으로 넘어감

자유라는 개념은
의지의 자율성을 설명하는 열쇠이다

의지는 생물이 이성적인 한에서 갖는 일종의 인과성이다. 그래서 자유는, 이성적 생물의 인과성이 바깥의[자기 아닌 다른] 원인에 의해 결정당하지 않고 작용할 수 있을 때 갖는 속성일 것이다. 이것은 자연 필연성이 자기 아닌 다른 원인의 영향에 의해 활동하게 되는 이성 없는 모든 존재의 인과성이 갖는 속성인 것과 같다.

자유에 대한 이러한 설명은 소극적이고, 그래서 자유의 본질을 통찰하는 데는 효과가 없다. 그렇지만 바로 이것에서 훨씬 더 내용이 풍부하고 효과가 큰 자유의 적극적인 개념이 나오는 것이다. 인과성이라는 개념에는 법칙들Gesetz이라는 개념이 있다. 이 법칙들에 따라서 우리가 원인이라고 부르는 어떤 것에 의해 다른 어떤 것, 즉 결과가 정립gesetzt되어야만 한다. 그렇기 때문에 자유는 비록 의지가 자연 법칙을 따를 때의 속성은 아니지만 그렇다고 해서 전혀 법칙이 없는 것은 아니며 오히려 특별한 종류이기는 하지만 불변하는 법칙에 따른 인과성이어야만 한다. 그렇지 않다면 자유로운 의지는 말도 안 되는 것이 되기 때문이다. 자연 필연성은 원인의 작용에 의한 타율성이었다. 왜냐하면 모든 각각의 작용은, 인과성의 작용 원인은 [다시] 어떤 다른 것에 의해 결정된다는

447 법칙에 따라서만 가능하기 때문이다. 그렇다면 의지의 자유가 자율성, 즉 의지가 스스로 법칙이 되는 속성이 아니고 무엇이겠는가? 그래서 의지가 모든 행위에서 스스로 법칙이라는 명제는, 준칙 자신을 하나의 보편적 법칙으로도 삼을 수 있는 준칙에 따라서만 행위하라는 원칙을 나타내는 것일 뿐이다. 그리고 이것이 바로 정언적 명령법의 표현 양식이고 도덕성의 원칙이다. 그러므로 자유로운 의지는 도덕 법칙 아래에 있는 의지와 동일하다.

따라서 의지의 자유를 전제할 경우 도덕성이 그 원칙과 함께 따라 나오는데, [그렇다는 것을 알기 위해서는] 다만 그 [도덕성이라는] 개념을 분석하기만 하면 된다. 그렇다고 해도 도덕성의 원칙은 항상 '절대적으로 선한 의지는 의지의 준칙이 보편적 법칙으로 생각되는 자기[준칙] 자신을 언제나 자기[준칙] 안에 포함할 수 있는 의지다'라는 종합적 명제다. 왜냐하면 절대적으로 선한 의지라는 개념을 분석한다고

해서 준칙의 그러한[보편적 법칙이 되어야 한다는] 속성이 발견될 수는 없기 때문이다. 그런데 그러한 종합적인 명제들 [도덕성의 원칙]은, 두 인식[절대적으로 선한 의지와 준칙의 보편적 법칙성]이 양쪽을 다 포함하고 있는 세 번째 인식과 연결되어 서로 결합함으로써만 가능하다. 자유라는 적극적 개념이 이 세 번째 인식을 제공하는데, 그 인식은 물리적인 원인에서처럼 감성계의 본성die Natur der Sinnenwelt일 수는 없다(감각계의 개념에서는 원인이 되는 어떤 것이라는 개념이 [그 원인이 일으킨] 작용이라는 다른 어떤 것과 관련해서 함께 온다). 자유가 우리에게 가리켜주고 있고, 우리가 그것에 대해 선험적으로 하나의 이념을 갖고 있는 이 세 번째 인식이 무엇인지를 여기서 보일 수는 없다. 그리고 순수한 실천적 이성에서 자유라는 이념이 연역된다는 것, 그렇게 해서 또한 정언적 명령법이 가능하다는 것도 여기서 이해시킬 수 없다. 대신에 먼저 해두어야 할 것이 몇 가지 있다.

자유는 모든 이성적인 존재의 의지가 갖는 속성으로서 전제되어야 한다

만약 우리에게 모든 이성적인 존재에 자유를 줄 수 있는 충분한 근거가 없다면, 우리 [인간의] 의지에게 자유를 주는

것은 그 근거가 무엇이라고 해도 충분치 않다.[47] 왜냐하면 도
덕성은, 오직 이성적인 존재로서의 우리에게 법칙이 되므로
모든 이성적인 존재에 적용되어야 하기 때문이다. 그리고 도
덕성이 오직 자유라는 속성에서 도출되어야 하므로, 자유는
모든 이성적인 존재의 속성이라는 것이 증명되어야 하기 때
문이다. 그래서 인간이라면 누구나 경험한다고 생각되는 어
떤 것을 통해 자유를 입증하는 것은 충분치 않고(이것은 절대
로 불가능할 뿐만 아니라, [자유는] 순전히 선험적으로만 입증될
수 있는 것이지만), 오히려 자유가 의지를 갖춘 이성적인 존재
일반의 활동성임을 증명해야 하기 때문이다. 이제 나는 오
직 자유라는 이념 아래에서만 행위할 수 있는 존재 각자는, 바
로 그렇기 때문에 실천적인 관점에서 실제로 자유롭다고 말
한다. 다시 말해, 이성적인 존재에게는 자유와 분리할 수 없
도록 결합되어 있는 모든 법칙이 적용되는데, 마치 그의 의
지가 그 자체로, 그리고 이론 철학에서도 유효하게, 자유롭
다고 선언되기라도 한 것처럼 말이다.[48] 이제 나는 우리가 의
지를 가진 모든 이성적인 존재 각자에게 필연적으로 자유의
이념 또한 부여해야 하는데, 이성적인 존재는 오직 그 이념
아래에서만 행위한다고 주장한다. 왜냐하면 우리는 그런 존
재에서 실천적인 이성, 즉 자기의 대상에 대해 인과성을 갖
는 이성을 생각하기 때문이다. 그래서 이성이 자신을 의식하
면서 판단을 내릴 때 [자기 자신이 아니라] 다른 곳으로부터

448

지도를 받는 것은 도저히 생각할 수 없는데, 그렇게 되면 주체는 판단력의 결정[판단]을 자기의 이성이 아니라 어떤 충동에 맡기는 것이 되기 때문이다. 이성은 스스로를 바깥의 영향을 받지 않고, 자기의 원칙을 '창시하는 자'로 여겨야 한다. 따라서 실천적인 이성, 또는 이성적인 존재의 의지로, 이성은 스스로 자유롭다고 여겨야 한다. 다시 말해 이성적인 존재의 의지는 오직 자유의 이념 아래에서만 자기 자신의 의지일 수 있으므로, [자유의 이념은] 실천적인 관점에서 모든 이성적인 존재에게 주어져야 한다.

도덕성이라는 이념에 붙어 있는 관심에 대하여

우리는 도덕성의 확실한 개념을 찾아서 마침내 자유의 이념까지 거슬러 왔지만 이 자유의 이념을 우리 자신 안에서도, 인간 본성 안에서도 현실적인 어떤 것으로 증명할 수 없었다. 다만 우리가 스스로를 행위에서의 자기의 인과성을 의식하는 이성적인 존재로, 즉 의지를 갖춘 존재로 생각하려 한다면 자유를 전제할 수밖에 없음을 알았을 뿐이다. 우리는 바로 그와 같은 근거에서, 이성과 의지를 갖춘 존재에게 자기의 자유라는 이념 아래에서 스스로 행위를 결정하는 속성을 주지 않을 수 없다고 인정한다. 449

그런데 자유의 이념을 전제해야 한다는 것을 통해 행위의 법칙을 의식할 수 있다. 그 법칙은 행위의 주관적 근본 법칙들, 즉 준칙들은 그것들이 또한 객관적으로, 즉 근본 법칙으로서 보편적으로 적용되도록 채택되어야 하고, 따라서 [준칙들은] 우리가 자신에게 보편적으로 법칙을 주는 데 쓰일 수 있어야 한다는 것이다. 그러나 나 자신이 이성적인 존재이기 때문에 이 원칙에 복종해야 하고, 따라서 또 그렇기 때문에 이성을 갖춘 다른 모든 존재도 이 원칙에 복종해야 한다는 것은 도대체 무슨 이유에서인가? 관심은 결코 정언적 명령법을 주지 않을 것이기 때문에, 나를 이렇게 [원칙에 복종]하도록 충동하는 것은 결코 관심이 아니라고 인정하겠다. 그렇다고 해도 이렇게 [원칙에 복종]하려는 관심을 필연적으로 가져야만 하기 때문에, 그 관심이 어떻게 생겨나는지 통찰해야만 한다. 왜냐하면 이 '해야만 한다'는 원래 '하려고 한다'인데, 이성적인 존재가 가진 이성이 어떠한 방해[예를 들어, 감각의 방해]도 받지 않고 실천된다면, 이것은 모든 이성적인 존재 각자에게 적용되기 때문이다. [반면] 우리처럼 여전히 다른 종류의 동기인 감각적인 것에 의해 촉발되는[자극받는] 존재의 경우, 이성 혼자서라면 했을 그런 일이 결코 일어나지 않는 존재의 경우, 행위의 필연성이 오직 '해야만 한다'라고 불리고, 그래서 주관적인 필연성과 객관적인 필연성이 구별되기 때문이다.

그러므로 우리는 자유의 이념 안에 원래 도덕 법칙, 즉 의지 자신의 자율성이라는 원칙을 전제하고 있을 뿐이고, 그래서 그 원칙의 실재성과 객관적 필연성을 그 자체로는 증명할 수 없을 것 같다.[49] 그리고 이때 우리가 최소한 참된 원칙을 그 전보다는 더 정확하게 규정했기 때문에 매우 두드러진 어떤 것을 얻었다고 하더라도, 그 원칙의 타당성과 그 원칙에 복종해야 할 실천적인 필연성에 관해서는 조금도 더 나아가지 못한 것처럼 보인다. 왜냐하면 우리는 이렇게 묻는 사람, 즉 우리의 준칙이 하나의 법칙으로서 보편적으로 적용되어야 한다는 것이 우리 행위를 제약하는 조건이 되어야 하는 이유가 도대체 무엇인가, 우리가 이러한 행위 방식에 주는 가치, 그보다 더 높은 관심은 결코 어디에도 없을 정도로 큰 그 가치의 근거는 무엇인가, 그리고 오직 이것을 통해서만 인간이 자기의 인격적인 가치, 이 가치에 비하면 흡족하거나 450 흡족하지 못한 상태의 가치라는 것은 아무것도 아니게 되는 가치를 느끼는 것으로 믿는 일이 어떻게 해서 일어나는가라고 묻는 사람에게 만족스러운 대답을 결코 줄 수 없기 때문이다.

상태에 전혀 관심을 갖지 않는 것이 인격의 성질이지만, 만약 이성이 그 상태를 베풀어주는 경우 인격의 성질이 우리를 그 상태에 참여할 수 있게 해준다면 우리가 인격의 성질에 관심을 가질 수 있다는 것을 충분히 인정한다. 다시 말해,

행복해질 가치가[자격이] 있다는 것은, 설령 이런 행복에 참여하도록 하는 동인이 없더라도[참여하고 싶은 마음이 없더라도] 그 자체로 관심을 일으킬 수 있다는 것을 인정한다.[50] 그러나 이러한 판단은 사실 (우리가 자유의 이념을 통해 모든 경험적인 관심과 결별할 때) 이미 전제된 도덕 법칙의 중요성에서 나오는 것일 뿐이다. 그렇지만 우리의 상태에 가치를 제공하는 것[쾌락, 만족 등]을 모두 잃어버려도 그것을 보상해 줄 수 있는 가치를 오직 우리의 인격 안에서 발견하기 위해 우리는 경험적인 관심과 결별해야 한다는, 즉 행위할 때 자유롭다고 생각해야 하면서도 어떤 법칙에 복종하고 있다고 간주해야 한다는 사실은 이러한 방법으로는 여전히 통찰할 수 없다. 또 이런 것이 어떻게 가능하며, 따라서 도덕 법칙이 어떻게 구속력을 얻는지도 이러한 방법으로는 통찰할 수 없다.

여기서, 벗어날 수 없을 것 같은 순환이 등장한다는 것을 솔직하게 고백할 수밖에 없다. 우리 자신이 목적들의 서열에서 도덕 법칙 다음이라고 생각하기 위해, 우리는 작용하는 원인들의 질서 안에서 우리 자신이 자유롭다고 받아들인다. 그리고 나서 우리 자신을 이 도덕 법칙에 복종하는 것으로 생각하는데, 우리가 자신에게 의지의 자유를 부여했기 때문이다. [의지의 자유가 곧 법칙에의 복종인] 그 이유는, 의지의 자유와 의지의 고유한 '법칙주기'는 모두 자율성이고, 따라서 서로 바꾸어 쓸 수 있는 개념들이기 때문이다. 바로 그렇기 때문에 그 두 가지 가운데 하나가 다른 하나를 설명하거나 그것에 근거를 제공하기 위해 사용될 수는 없고, 그들은 기껏해야 단지 똑같은 대상을 표상하고[생각하고] 있으면서도 서로 다르게 나타나는 것을 논리적인 의도에서 하나의 개념으로(같은 값을 가진 서로 다른 분수를 가장 작은 수로 약분하는 것처럼) 가져오기 위해 사용될 수 있을 뿐이다.

그러나 아직 [순환에서] 빠져나갈 길이 하나 남아 있다. 그것은, 우리가 자유 때문에 자신을 선험적으로 작용하는 원인으로 생각하는 경우에는 우리 자신을 우리 행위의 관점에서 우리 눈앞에서 벌어지는 작용들[자연 법칙에 의한 작용들의 연쇄]로서 표상하는 때와는 다른 관점을 받아들이는 것이 아닐까 탐구하는 것이다.

다음과 같은 의견을 내는 데는 까다롭게 궁리할 필요가 없고, 가장 평범한 지성일지라도 그가 감정이라고 부르는, 판단력의 모호한 구별에 의해 나름대로 그러한 의견을 가질 수 있다고 인정할 수 있다. 그 의견은, 우리가 뜻하지 않아도 우리에게 오는 모든 표상(감관의 표상 같은)은 오직 우리에게 촉발되는 대로만 대상들을 인식할 수 있게 하는데, 이때 대상들 그 자체일 수도 있는 것은 우리에게 알려지지 않은 채로 있고, 따라서 이러한 종류의 표상에 관한 한, 지성이 아무리 긴장해서 주의하고 명료하게 한다고 해도 우리는 그저 현상들에 관한 인식만을 얻을 뿐, 결코 사물 그 자체Ding an sich

451

selbst에 관한 인식을 얻을 수 없다는 것이다. 일단 이러한 구별을(결국 우리가 수동적이기 때문에 어떤 다른 곳에서 우리에게 주어지는 표상들과, 우리가 우리의 활동성을 증명하면서 순전히 우리 자신에게서 만들어내는 표상들 사이의 차이에 주목하는 것이다) 하자마자 그 현상들 뒤에 여전히 현상이 아닌 어떤 다른 것, 즉 사물 자체가 있다고 인정하고 받아들여야 한다는 결론이 저절로 나온다. 비록 사물 자체가 우리에게 결코 알려질 수 없고 항상 그것들이 우리를 촉발하는 대로만 알려지기 때문에, 우리가 스스로 정한 몫은 우리가 그것들에 더 가까이 다가갈 수 없고 사물 그 자체인 것을 결코 알 수 없다는 것이기는 하지만 말이다.[51] 이렇게 해서 거칠기는 하지만 감성계가 지성계와 구별되어야 하는 것이다. 그중에서 감성계는 세계를 관찰하는 다양한 사람에 따라 감각적인 것이 다르다는 점에서 매우 다를 수 있지만, 감성계의 근거가 되는 지성계는 언제나 동일한 채로 있다. 자기 자신이라 해도, 더욱이 인간이 내적 감각을 통해 자신에 대해 갖고 있는 지식에 의한다 해도, 자기가 그 자체로 어떤지 인식한다고 감히 주장해서는 안 된다. 왜냐하면 그는 자기 자신을 창조하지도 않았고, 자기의 개념을 선험적으로 얻는 것이 아니라 경험적으로 얻으므로, 그가 내적 감관[내감inner Sinn]을 통해서, 따라서 자기 본성의 현상과, 자기의 의식이 촉발되는 방식을 통해서만 자기 자신에 대한 정보를 수집할 수 있다는 것은 당연하기 때문이다. 그럼에도 불구하고 그는 반드시 자기 자신의 주체가 가진, 오직 현상들로만 이루어진 성질을 넘어서 근거에 놓여 있는 다른 어떤 것, 즉 그 자체로 어떤 성질이 되었든 그 주체의 '나'를, 필연적으로 받아들여야[가정해야] 하기 때문이다. 그래서 단순한 지각과, 감각의 수용성에 관해서는 자신을 감성계에 포함시켜야 하지만, 자기 안에 있는 순수한 활동성이라고 할 수 있는 것과 관련해서는(감관의 촉발을 통해서가 아니라, 직접적으로 의식에 도달하는 것과 관련해서는), 그가 더 이상 알지 못하는 자신을 지성계에 포함시켜야 하기 때문이다.

깊이 생각하는 인간이라면 자기 앞에 나타날 수도 있는 모든 사물에 대해 그와 같은 결론을 내릴 수밖에 없다. 매우 평범한 지성일지라도 그러한 결론을 내리게 될 텐데, 잘 알다시피 평범한 지성은 감관의 대상 뒤에 여전히 보이지 않는 어떤 것, 그 자체만으로 활동적인 것이 있다고 기대하는 경향이 매우 강하다. 그러나 평범한 지성은 이 보이지 않는 것을 다시 감각적으로, 즉 직관의 대상으로 만들려고 하기 때문에 그것은 다시 못쓰게 되고, 이 때문에 그 평범한 지성은 조금도 더 영리해지지 않는다. 452

그런데 인간은 자신 안에서 사실상 하나의 능력을 발견하고, 이 능력을 통해 자신을 다른 모든 사물들과 구별하며, 또한 대상에 의해 촉발되는 한에서 자기 자신[감성계에 속하는 자신]과도 구별한다. 이 능력이 이성이다. 더욱이 순수한 자기 활동성인 이성은 다음과 같은 점에서 지성보다도 우위에 있다. 즉 비록 지성도 자기 활동성이고 그래서 감관과는 달리 단지 사물에 의해 촉발될(따라서 수동적일) 때만 생기는 표상만을 갖는 것은 아니지만, 그럼에도 지성이 자신의 활동성에서 만들어낼 수 있는 개념은 오직 감각적인 표상들을 규칙 아래로 가져오고, 그렇게 해서 그 표상들을 하나의 의식으로 결합하는 데만 사용되는 개념들[범주]뿐이며, 감각적인 것을 그렇게[지성의 개념의 재료로] 사용하지 않는다면 지성은 사유할 것이 아무것도 없을 것이다. 이와 반대로 이성은 이념들이라는 이름으로 너무 순수한 자발성을 보이는데, 그 자발성을 통해 이성은 감각적인 것이 자기에게 제공할 수 있는 모든 것을 훨씬 넘어갈 정도이다. 그래서 감성계와 지성계를 서로 구별하고, 그렇게 함으로써 지성 자신에게 한계를 그어주는 것이 이성의 가장 중요한 일이다.

이 때문에 이성적인 존재는 자기 자신을 지성적 존재로서(따라서 자기의 하위의 능력의 측면에서가 아니라), 감성계가 아니라 지성계에 속하는 것으로 보아야만 한다. 그래서 이성적인 존재는 두 가지 관점을 갖는데, 그 관점을 통해 자기 자신을 바라볼 수 있는 법칙, 또 자기의 힘을 사용하는 법칙, 결국 자기의 모든 행위의 법칙을 인식할 수 있다. 첫째는 이성적인 존재가 감성계에 속하는 한 자연 법칙(타율성) 아래에 있다는 것이고, 둘째는 [이성적인 존재가] 지성적 세계에 속하는 것으로서, 자연에서 독립해 경험이 아니라 오직 이성에만 근거를 두는 법칙 아래에 있다는 것이다.

인간은 이성적인 존재이고 따라서 지성적 세계에 속하는 존재이므로, 자기 자신의 의지의 인과성[자기의 의지를 움직이게 하는 것]이 오로지 자유의 이념 아래에만 있다고 생각할 수밖에 없다. 왜냐하면 결정되어 있는 감성계의 원인에서 독립하는 것이(이성은 항상 자기 자신에게 그러한 독립성을 주어야만 한다) 자유이기 때문이다. 그런데 자유라는 이념은 자율성이라는 개념과 분리할 수 없게 결합되어 있고, 이 자율성이라는 개념은 도덕성이라는 보편적인 원칙과 결합되어 있다. 이 도덕성이라는 원칙은, 자연 법칙이 모든 현상의 근거가 되는 것과 마찬가지로 이념 안에서 이성적인 존재의 모든 행위의 근거가 된다.

이제 우리가 위에서 제기했던, 자유에서 자율성으로 또 자율성에서 도덕 법칙으로 향하는 우리의 추론에 어떤 순환이 숨겨져 있지 않을까 하는 의혹이 제거되었다. 다시 말해, 만약 우리가 자유라는 이념을 오직 도덕 법칙을 위한 근거로 삼았던 것이[도덕 법칙이 성립하려면 이미 자유가 있어야 한다고 했던 것이], 나중에 자유에서 다시 이 법칙을 추론하기 위한 것[자유가 있으므로 도덕 법칙이 가능하다고 추론하기 위한 것]이 아니었을까, 우리가 도덕 법칙에 어떠한 근

453

거도 줄 수 없었고, 단지 하나의 원칙, 선한 마음의 태도를 가진 사람이라면 기꺼이 인정해주겠지만 결코 증명이 가능한 명제로 제시할 수는 없는 원칙에 호소한 것이 아닐까 하는 의혹이 제거되었다. 왜냐하면 우리 스스로가 자유롭다고 생각할 때 우리는 지성계 안으로 그 구성원이 되어 들어가 의지의 자율성과 그 [논리적] 귀결인 도덕성을 함께 인식한다는 것을, 그리고 우리에게 의무가 지워졌다고 생각할 때는 우리 자신을 감성계에 속하면서 동시에 지성계에도 속하는 존재로 간주한다는 것을 이제 알기 때문이다.

정언적 명령법은 어떻게 해서 가능한가

이성적인 존재는 자신을 지성적 존재로서 지성계에 넣고, 오직 이 지성계에 속하는 작용 원인으로서만 자기의 인과성을 의지라고 부른다. 다른 한편, 이성적인 존재는 또한 자신을 감성계의 일부로 의식하기도 하는데, 감성계 안에서 그의 행위는 위의 그 인과성[의지]에 의해 나타나는 현상들로서만 드러난다. 그러나 우리가 [직접적으로] 알지 못하는 그 인과성을 통해 그 행위의 가능성을 볼 수는 없고,[52] 대신 그 행위가 감성계에 속하는 다른 현상들, 즉 욕구와 경향성에 의해 결정된 것이라고 보아야 한다. 그러므로 오직 지성계에 속한 것이기만 하다면 나의 모든 행위는 순수한 의지의 자율성이라는 원칙에 완전히 들어맞아야 할 것이다. [한편] 오직 감성계의 일부이기만 하다면, 그 모든 행위는 철두철미하게 욕망과 경향성의 자연 법칙에 맞춰서, 따라서 자연의 타율성에 맞춰서 생각되어야 한다(전자의 행위는 도덕성이라는 최상의 원칙에서, 후자의 행위는 행복이라는 최상의 원칙에서 나온다). 그러나 지성계가 감성계의 근거, 따라서 감성계의 법칙의 근거를 포함하고, 그러므로 (완전히 지성계에 속하는) 나의 의지와 관련해서 직접 '법칙을 주고' 있으며, 또한 그러한 것으로 생각되어야 하기 때문에 나는 나 자신이 지성적 존재로서, 한편으로는 감성계에 속함에도 불구하고 지성계의 법칙에 복종하고 있다고 인식할 것이다. 다시 말해 지성계의 법칙을 자유의 이념 안에서 담고 있는 이성에 복종하고, 그렇게 해서 의지의 자율성에 복종하고 있다고 인식할 것이다. 그 결과, 나에게 지성계의 법칙은 명령법으로 여겨지고, 이 원칙에 맞는 행위들은 의무로 여겨져야 한다.

454

따라서 정언적 명령법들은 다음과 같이 해서 가능하다. 즉 자유의 이념은 나를 지성적 세계의 구성원으로 만들고, 그렇게 해서 내가 그 구성원이기만 하다면 나의 모든 행위는 언제나 의지의 자율성에 맞게 될 것이다. 그러나 동시에 나는 나 자신을 감성계의 구성원으로 보기 때문에, 나의 모든 행위는 의지의 자율성에 맞아야만 한다. 이 정언적인 '해야만 한다'는 종합적인 명제를 선험적으로 제시하는데, 감각적인 욕망에 의해 촉발된 나의 의지에 그것과 똑같지만 지성계에 속하며 순수하고 그 자체만으로 실천적인 의지라는 이념이 더해지고, 이 의지가 이성에 따라 앞의 의지[감각적 욕망에 의해 촉발된 나의 의지]의 최상의 조건을 포함하기 때문에 그렇다. 이것은 대체로, 법칙의 형식 일반을 의미하는 지성의 개념들이 감성계의 직관에 더해짐으로써, 자연에 대한 모든 인식이 기인하는 선험적인 종합적 명제가 가능해지는 것과 같다.

평범한 인간의 이성이 실천적으로 사용될 때라도 이 연역의 정당성은 확인된다. 누구라도, 지독한 악당조차 그가 이성을 사용하는 데 익숙하기만 하다면 하겠다고 한 것을 잘 지키는 일, 선한 준칙을 굳건히 지키는 일, 동정심 그리고 보편적인 자선(이익과 안락함을 많이 희생해야 하는 것들이다)을 보여주는 예들 앞에서, 자기도 그러한 '마음의 태도'를 갖고 싶다고 바랄 수밖에 없다. 다만 자기의 경향성과 충동 때문에 스스로 그 일을 제대로 실현할 수 없을 뿐이다. 그러면서도 동시에 그는 자기 자신을 괴롭히는 경향성에서 자유롭기를 바란다. 이것을 통해 그가 증명하는 것은, 감각적인 것의 충동에서 자유로운 의지를 갖고 생각 속에서 자기 자신을, 감각적인 영역에서의 욕망의 질서와는 전혀 다른 사물의 질서로 옮겨놓는다는 것이다. 왜냐하면 [자유롭고자 하는] 그

소망을 통해서는 어떠한 욕망도 충족할 수 없고, 따라서 실제로 있는 것이든 상상할 수 있는 것이든 자기의 경향성이 채워질 것이라고 결코 기대할 수 없고(그렇게 될 경우 그에게 이런 [자유롭고자 하는] 소망을 불러일으켰던 이념이 그 탁월성을 잃어버리기 때문이다), 다만 그러한[자유롭고자 하는] 소망을 통해 자기의 인격이 갖는 가치가 더 커질 것을 기대할 수 있을 뿐이기 때문이다. 그리고 그는 자기가 지성계의 구성원의 455 관점을 갖게 된다면 자기의 인격이 더 선한 상태가 된다고 믿는데, 자유의 이념, 즉 감성계의 결정 원인에서 독립한다는 이념이 그의 뜻과는 상관없이 그렇게 하도록[지성계의 구성원의 관점을 갖도록] 강요하는 것이다. 그는 이 지성계의 구성원의 관점에서 선한 의지를 의식하는데, 이 선한 의지가 자기의 승인에 따라 감성계의 구성원인 악한 의지에게 법칙을 만들어주는 것이다. 그는 이 법칙을 어기고 있을 때 그것의 위엄을 알게 된다. 그러므로 도덕적인 '해야만 한다'는 지성적 세계의 구성원으로서는 자기가 필연적으로 '하려고 하는' 것이지만, 동시에 자신을 감성계의 구성원으로도 보는 사람인 한에서는 '해야만 하는' 것으로 생각된다.

모든 실천 철학의 한계에 대하여

모든 인간은 자기의 의지가 자유롭다고 생각한다. 그래서 모든 판단은, 비록 그것이 일어나지 않았더라도 일어났어'야만 하는' 그런 행위에 대해 이루어진다. 그렇다고 해서 이러한 자유가 결코 경험 개념은 아니며, 또한 그럴 수도 없다. 왜냐하면 자유를 전제하면 필연적으로 요구된다고 생각되는 것에 반대되는 일이 '경험된다'고 하더라도[자유를 경험으로 확인할 수 없다고 해도], 자유의 개념은 언제나 남아 있기 때문이다. 다른 한편, 일어나는 모든 것은 빠짐없이 자연 법칙에 의해 결정되어 있다는 것도 [자유와] 마찬가지로 필연적인데, 이러한 자연 필연성도 역시 [자유처럼] 결코 경험 개념이 아니다. 그것에는 필연성이라는 개념이, 따라서 선험적인 인식이라는 개념이 있다는 바로 그 이유 때문이다. 그러나 자연에 대한 이 개념[자연 필연성]은 경험을 통해 확인되며, 만약 경험, 즉 감관의 대상들을 보편적인 법칙에 따라 연결하는 인식이 가능해야 한다면 그 개념[자연 필연성] 자체를 전제하지 않을 수 없다. 그래서 자유는 다만 이성의 이념일 뿐이기 때문에 그것의 객관적 실재성 자체가 의심스럽지만, 그러나 자연은 지성 개념이기 때문에 자기의 실재성을 경험의 예로 증명하고 또 필연적으로 증명해야 하는 것이다.

이제 이것에서 이성의 변증법이 생기는데, 의지의 측면에서 볼 때 의지에 부여된 자유가 자연 필연성에 모순되는 것 같기 때문이다. 이러한 [자유와 자연 필연성 사이의] 갈림길에서 이성은, 사변적인[이론적인] 의도에서는 자유의 길보다 자연 필연성의 길이 훨씬 잘 닦여 있고 더 편리하다는 것을 안다. 그럼에도 불구하고 실천적인 의도에서는 자유의 작은 길이 우리가 행위할 때 이성을 사용할 수 있는 유일한 길 456 이다. 그래서 아주 평범한 인간 이성과 마찬가지로 아무리 치밀한 철학이라도 자유를 없애는 궤변을 늘어놓지는 못할 것이다. 그러므로 철학은 동일한 인간 행위에서 자유와 자연 필연성이 일으키는 모순은 결코 진짜가 아니라고 전제해야 하는데, 철학은 자유의 개념도 자연의 개념도 마찬가지로 포기할 수 없기 때문이다.

그렇지만 비록 자유가 어떻게 가능한지는 결코 개념으로 파악할 수 없을지라도, 최소한 이렇게 '모순처럼 보이는 것'은 설득력 있게 제거되어야 한다. 왜냐하면 자유에 대한 생각만으로도 스스로 모순되거나, 또는 [자유가 필연적인 것과] 마찬가지로 필연적인 자연에 모순된다면, 자연 필연성을 위해 자유를 완전히 포기해야 하기 때문이다.

그런데 만약 스스로를 자유롭다고 보는 주체가 자신이 자유롭다고 말할 때, 그 동일한[자유로운] 행위를 하는 자신이 자연 법칙에 복종한다고 받아들일 때와 같은 의미 또는 같은 관계에서 자기 자신을 자유롭다고 생각하는 것이라면 이런 모순을 피할 수 없다. 그래서 사변적인 철학이 소홀히 할 수 없는 과제는 최소한 다음과 같은 것을 보여주는 것이다. 즉, 사변적인 철학이 그러한[자유와 자연 필연성의] 모순이 있는 것처럼 잘못 생각하게 되는 것은, 우리가 인간이 자유롭다고 할 경우 인간이 자연의 일부로서 이 자연 법칙에 복종하고 있다고 생각할 때와는 다른 의미와 관계에서 인간을 생각하고 있기 때문임을 보여주는 것이다. 그리고 이 두 가지는 동일한 주체 안에서 충분히 양립할 수 있을 뿐 아니라, 필연적으로 결합되어 있다고 생각해야 함을 보여주는 것이다. 그렇지 않다면[자유와 자연 필연성이 양립하고 필연적으로 결합하지 않는다면] 왜 우리가 한 이념, 즉 충분하게 확증된 다른 이념[자연 필연성이라는 이념]과 모순 없이 결합될 수 있으면서도, 이성을 이론적으로 사용하기 아주 곤란한 일에 빠뜨리는 이념[자유의 이념]을 갖고 이성을 괴롭혀야 하는지 그 근거가 주어질 수 없기 때문이다. 이러한 [과제 해결의] 의무는 오직 사변적인 철학에만 부과되는데, 이는 실천적인 철학에 길을 열어주기 위한 것이다. 그러므로 이 '반대[모순]처럼 보이는 것'을 제거할지, 아니면 손대지 않고 그대로 둘지는 철학자의 마음에 달린 것이 아니다. 왜냐하면 손대지 않고 두는 경우 이것[자유와 자연 필연성]에 대한 이론은 '주인 없는 땅bonum vacans'이 되어 숙명론자가 당연히 그것을 차지하고 모든 도덕을, 그 도덕이 권한도 없이 자기 것이라고 주장하는 땅에서 쫓아낼 수 있기 때문이다.

하지만 아직도 여기에서 실천적인 철학이 시작된다고 말할 수는 없다. 왜냐하면 분쟁을 그렇게 해결하는 것은 실천적인 철학의 일이 아니며, 실천적인 철학은 오직 사변적인 철학에게만 자기를 이론적인 문제 자체로 끌어들이는 그 [자유와 자연 필연성 사이의] 불일치를 끝내달라고 요구하고, 그렇게 함으로써 실천적인 철학은 자기가 정착해서 살려고 하는 그 땅[자유]을 문제 삼을 수도 있는 외부의 공격으로부터 평온과 안전을 얻기 때문이다.   457

평범한 인간 이성이라도 제기하는 의지가 자유의 권리를 주장하는 것은 이성이 독립적이라는 것을 의식하고 그것을 승인함을 전제하는데, 이성이, 단지 주관적인 결정의 원인들, 모두 더해져도 다만 감각에 속할 뿐이고 따라서 일반적으로 감각적인 것이라고 불리는 그러한 원인에서 독립해 있다는 것이다. 그러한 방법으로 자기를 지성적 존재로 보는 인간은 그렇게 함으로써 자기가 의지를 갖춘, 따라서 인과성을 갖춘 지성적 존재라고 생각할 때 자기를 감성계의 하나의 현상(실제로 그렇기도 하지만)이라 느끼고 자기의 인과성을 자연 법칙에 따라 외부의 결정에 복종시킬 때와는 다른 사물의 질서로 들어가고, 그때와 전혀 다른 종류의 결정 근거들과 관계를 맺는다. 이제 그는 이 두 가지가 동시에 일어날 수 있다는 것, 아니 그래야만 한다는 것을 곧 알아채게 된다. 왜나하면 현상하고 있는 사물(이것은 감성계에 속한다)은 어떤 법칙[자연 법칙]에 복종하지만, 바로 그 동일한 것이 사물 그 자체 또는 존재 그 자체일 때는 그 법칙에서 독립해 있다는 것이 전혀 모순되지 않기 때문이다. 그리고 그가 자기 자신을 이렇게 이중으로 표상하고 사유해야 한다는 것이, 첫 번째와 관련해서는[자연 법칙에 복종할 때는] 자기 자신을 감각에 의해 촉발되는 대상으로 의식하는 데서 기인하고, 두 번째와 관련해서는[자연 법칙에서 독립해 있을 때는] 자기 자신을 지성적 존재로, 즉 감각적인 인상들에서 독립해서 이성을 사용하는 존재로(따라서 지성계에 속하는 존재로) 의식하는 데 기인하기 때문이다.

이렇게 해서 인간은, 단지 자기 욕망과 경향성에만 속하는 것은 아무것도 계산에 넣지 않는 의지를 자기가 갖고 있다고 생각하고, 그래서 모든 욕망과 감각적 자극을 무시해야만 일어날 수 있는 행위를 자기가 할 수 있다고, 아니 반드시 해야 한다고 생각하게 되는 것이다. 그러한[모든 욕망과 감각적 자극을 무시해야만 일어나는] 행위의 인과성은 지성적 존재로서의 인간 안에, 그리고 지성적 세계의 원칙에 따르는 작용과 행위의 법칙 안에 있다. 이 지성적 세계에 대해 인간이 아는 것은 이러한 것들뿐이다. 즉 그 세계에서는 오로지 이성만이, 그것도 감각적인 것에서 독립된 순수한 이성만이 법칙을 준다는 것, 게다가 바로 그곳에서 인간은 오로지 지성적 존재로서 원래의 자기(반면에 인간으로서는 자기 자신의 현상일 뿐이다)이므로, 그[이성이 준] 법칙은 그에게 직접적이고 정언적으로 관계되어, 경향성과 충동(따라서 감성계에 속하는 모든 본성들)이 부추기는 어떠한 것도 지성적 존재로서의 그가 '하려고 하는' 것에 대한 법칙을 결코 깨뜨릴 수 없다는 것만을 알 뿐이다. 더욱이 [지성적 존재로서의] 그는 경향성 458 과 충동에 책임지지 않으며 그것을 원래의 자기, 즉 자기 의지의 탓으로 돌리지도 않는다. 그렇지만, 그가 만약 경향성과 충동이 그의 준칙에 영향을 미쳐 의지에 대한 이성의 법칙을 손상하는 것을 승인한다면, 경향성과 충동에 보여준 그 관대함은 의지의 탓인 것이다.

실천적인 이성이 지성계를 사유로써 꿰뚫는 것은 결코 자기의 경계선을 넘는 것이 아니지만, 직관과 감각으로 꿰뚫으려고 하는 것은 선을 넘는 것이다. 이러한 생각은 의지를 결정하는 이성에게 어떠한 법칙도 주지 않는 감성계와 관련해 볼 때 소극적이다. 다만 유일하게 적극적인 점은, 소극적인 규정인 그 자유가 동시에 하나의 (적극적인) 능력, 더 나아가 우리가 의지라고 부르는 이성의 인과성과 결합한다는 것이다. 그 능력은 행위의 원칙[준칙]이 '이성이 원인이라고 할 때의 그 본질적인 성질'[법칙]에 맞게, 다시 말해 준칙이 법칙으로서 보편적으로 적용되어야 한다는 조건에 맞게 행위하는 능력이다. 그러나 실천적인 이성이 의지의 객체[대상]

까지도, 즉 동인까지도 지성계에서 가져오려고 한다면, 자기의 한계를 넘어서서 자기가 전혀 알지 못하는 것에 대해 아는 체하는 것이 된다. 그러므로 지성계라는 개념은 하나의 관점, 이성이 자신을 실천적이라고 생각하기 위해서는 현상을 벗어나 자기가 가질 수밖에 없다고 보는 관점일 뿐이다. 이성이 자신을 실천적이라고 생각하는 것은, 감각적인 것의 영향이 인간을 결정하고 있다면 가능하지 않겠지만, 그럼에도 인간에게서 자기 자신이 지성적 존재이고 따라서 이성에 의해 활동하는, 즉 자유롭게 작용하는 이성적인 원인이라는 의식을 박탈하지 않아야 하는 한 그것은 필연적이다. 이렇게 생각하면, 감성계와 관련되는 자연 기계[자연 필연성의 지배를 받는 자연]와는 다른 질서와 '법칙주기'라는 이념이 당연히 따라 나오고, 지성적 세계(즉 사물 그 자체로서의 이성적인 존재 전체)라는 이념은 필연적인 것이 된다. 그러나 그 [지성적 세계라는] 이념은 여기에서 더 나아가 그러한 [지성적] 세계의 형식적 조건을 따른다고, 즉 의지의 준칙이 법칙으로서 보편적이어야 한다고 생각하는 것, 그래서 [의지의 준칙이] 오직 의지의 자유와 양립할 수 있는 의지의 자율성에 맞는다고 생각하는 것 이상을 감히 넘어서는 일은 없다. 이와 반대로 객체를 결정하는 모든 법칙은 오직 자연 법칙에서만 발견될 수 있고 감성계에만 관련되는 타율성을 준다.

그래서 이성이 자기의 모든 경계선을 넘어서게 되는 경우는, 순수한 이성이 어떻게 실천적으로 될 수 있는지를 자신이 설명하려고 할 때인데, 이것은 자유가 어떻게 가능한지를 설명 459하는 과제와 똑같을 것이다.

왜냐하면 우리가 설명할 수 있는 것은 우리가 법칙을 적용할 수 있는 것밖에는 없기 때문이다. 이 법칙은 그 대상을 어떻게든 경험할 수 있는 법칙[경험 법칙]이다. 그래서 자유는 하나의 단순한 이념, 자연 법칙에 의해서는 어떻게 해서도 그것의 객관적인 실재성을 제시할 수 없고, 따라서 어떤 가능한 경험으로도 제시할 수 없는 이념일 뿐이다. 그 이념 자체에 대해서는 어떠한 유비로도 결코 예를 들 수 없기 때문에 그것은 결코 파악될 수도, 통찰될 수도 없다. 자유의 이념은 하나의 의지를, 즉 단순한 욕구 능력과는 다른 능력(다시 말해 지성적 존재로서, 따라서 타고난 본능에서 독립해 이성의 법칙에 의해 행위하도록 스스로 결정하는 능력)을 의식하고 있다고 믿는 존재에게 이성이 필연적으로 전제하는 것으로서 유효할 뿐이다. 그러나 자연 법칙에 따른 결정이 그치는 그곳에서는 모든 설명도 역시 그치고, 남아 있는 것은 오직 옹호하는 일, 즉 사물의 본질을 꿰뚫어 보았다고 하면서 그래서 자유는 불가능하다고 뻔뻔스럽게 선언하는 사람들의 반박을 몰아내는 일뿐이다. 사람들에게 보여줄 수 있는 것은 다만 그들이 자유라는 것에서 모순을 발견한 것처럼 생각하고 있지만, 그 모순은 다음과 같은 곳에만 있을 뿐이라는 것이다. 즉, 그들은 인간의 행위에 자연 법칙을 적용하기 위해 그들이 필연적으로 인간을 현상으로 봐야 했을 때뿐만 아니라, 이제 그들이 지성적 존재인 인간을 사물 그 자체로서도 생각해야 한다고 요구받고 있을 때도 역시 언제나 인간을 현상으로서만 본다는 것이다. [이 점에서 모순이 생기는 것이다.] 이 경우, 동일한 하나의 주체 안에서 그의 인과성(즉, 그의 의지)을 감성계의 모든 법칙과 분리하는 것은 모순일 것이다. 그러나 그들이 정신을 차리고 현상 뒤에는 사물 그 자체가 (숨겨진 채이긴 하지만) 근거로 있어야 하고, 사물 그 자체의 작용 법칙과 그것의 현상을 지배하는 법칙이 동일해야 한다고 요구할 수 없다는 것을 정당하게 인정한다면 그러한 모순은 없어진다.

의지의 자유를 설명하는 것이 주관적으로 불가능한 것은, 인간이 도덕 법칙에 대해 가질 수 있는 관심을[53] 발견해서 파악하게 해주는 것이 불가능한 것과 마찬가지다. 그럼에도 불구하고 인간은 실제로 도덕 법칙에 관심을 갖는데, 우리 안에 있는 그 관심의 기초가 되는 것을 '도덕적 감정'이라 부른다. 몇몇 사람들이 이것[도덕적 감정]을 우리의 도덕적 판단에 대한 표준이라고 말하는 것은 잘못이다. 왜냐하면 오히려 도덕적 감정은 법칙이 의지에 주관적으로 작용한 것이라고 간주되어야 하고, 그것의 객관적인 근거들을 주는 것은 오직 이성뿐이기 때문이다.

이성 혼자서[경험에 의지하지 않고] 감각적으로 촉발된 이성적인 존재에게[인간에게] '해야만 한다'라고 지시한 것을 '하려고 하게' 만들려면, 의무를 완수했을 때 쾌락의 느낌이나 만족의 느낌을 주는 능력이 이성에게 있어야 한다. 따라서 이성의 원칙[도덕 법칙]에 맞춰 감각적인 것[쾌락, 만족감]을 결정하는 인과성이 이성에 있어야 한다. 그러나 자신 안에 감각적인 것을 아무것도 갖지 않는 단순히 생각이기만 한 것[자유의 이념, 도덕 법칙 등]이 어떻게 쾌락이나 불쾌의 감각을 만들어내는지를 통찰하는 것, 다시 말해 선험적으로 파악하는 것은 전혀 불가능하다. 왜냐하면 그것은[이념이 감각을 만들어내는 것은] 특별한 종류의 인과성인데, 다른 모든 인과성과 마찬가지로 그 인과성에 대해서도 우리는 결코 아무것도 선험적으로 규정할 수 없고, 오직 경험에게 물어보아야 하기 때문이다. 그런데 경험은 오직 경험의 두 대상 사이에[경험된 두 가지 대상 사이에] 있는 원인과 작용의 관계만을 제공할 수 있지만, 여기[이념과 감각의 인과성]에서는 순수한 이성이 단순히 이념이기만 한 것(이것은 경험할 수 있는 대상을 결코 주지 않는다)을 통해 어떤 작용의 원인이 되어야 하고, 당연히 그 작용은 경험 가운데 있는데, 어떻게 그리고 왜 법칙으로서의 준칙의 보편성, 즉 도덕성이 우리에게 관심을 일으키는지 우리 인간은 결코 설명할 수 없다. 다만 이것만은 확실하다. 즉, 법칙이 우리에게 적용되는 것은 그것이

관심을 일으키기 때문이 아니라(왜냐하면 그렇게 하는 것은 타율

461 성이고 실천적인 이성이 감각적인 것에 의존하는 것이 되어 결코

도덕적인 법칙을 주는 것이 될 수 없기 때문이다), 그것[법칙]이

인간으로서의 우리에게 적용되기 때문에 관심을 일으키는

것이다. 법칙은 지성적 존재인 우리 의지에서, 따라서 원래

의 우리 자신에게서 생겨났기 때문에 우리에게 적용된다. 그

래서 이성은 단순히 현상에만 속하는 것을 필연적으로 사물 그 자

체의 성질에 종속시킨다.

그러므로 정언적인 명령법이 어떻게 가능한가라는 물음

은, 그 안에서는 오직 정언적인 명령법만이 가능한 유일한

전제, 즉 자유의 이념을 줄 수 있는 한에서만, 또 이 전제의

필연성을 통찰할 수 있는 한에서만 대답될 수 있다. 이성을

실천적으로 사용하기 위해, 즉 이 명령법의 타당성, 따라서 도

덕 법칙의 타당성을 확신하기 위해서는 이 전제만으로 충분

하지만, 이 전제[자유의 이념] 자체가 어떻게 가능한지는 결

코 어떠한 인간 이성도 통찰할 수 없다. 그러나 지성적 존재

의 의지가 자유롭다고 전제하면, 오직 의지만을 결정할 수

있는 형식적인 조건인 의지의 **자율성**이 필연적으로 따라 나

온다. 이러한 의지의 자유를 전제하는 것은 (감성계의 현상과

연결할 때, 자연 필연성의 원칙과 모순에 빠지지 않으면서) 충분

히 가능할 뿐만 아니라(이것은 사변적인 철학이 보여줄 수 있다),

또한 그 자유는 이성적인 존재에게 실천적인, 다시 말해 자

기 마음대로 하는[자의적인] 모든 행위들의 조건이 되는 이념으로서[자기 마음대로 하는 모든 행위에는 자유가 있어야 한다] 더 이상의 조건 없이 필연적이다. 그 이성적인 존재는 이성을 통한 자기의 인과성[이성을 통해 자기 자신의 원인이 되어 어떤 행위를 시작한다는 것]을, 따라서 어떤 (욕망과 구별되는) 의지를 스스로 의식하고 있다. 그러나 순수한 이성이 어떻게 해서 [이성 이외의] 다른 어떤 곳에서 다른 동기를 가져오지 않고 그 자신만으로 실천적일 수 있는지, 다시 말해 어떻게 해서 단순히 이성의 모든 준칙이 법칙으로서 보편타당해야 한다는 원칙만이(이것은 당연히 순수한 실천적 이성의 형식이 될 것이다), 어떻게 사람들이 미리 관심을 가질 수도 있는 의지의 내용(대상)이 전혀 없이 스스로 동기를 주고, 순수하게 도덕적이라고 불리게 될 관심을 생기게 하는지 인간 이성은 설명할 수 없다. 한마디로 말해서 순수한 이성이 어떻게 실천적일 수 있는지를 인간 이성은 결코 설명할 수 없어서, 설명하려고 아무리 노력하고 애써도 모두 헛된 일이다.

그것은 내가 의지의 인과성으로서의 자유가 어떻게 가능한지에 대한 근거를 캐려고 하는 것과 마찬가지다. 왜냐하면 그렇게 할 때 나는 철학적인 설명 근거를 떠나지만 다른 근거를 갖지는 않기 때문이다. 그렇지만 나는 아직도 나에게 462 남겨져 있는 지성적 세계에서, [즉] 지성적 존재들의 세계에서 돌아다닐 수 있을 것이다. 그러나 나는 지성적 세계에 대해 충분한 근거를 주는 이념[자유의 이념]을 갖고 있다고 해도 그것에 대한 지식은 전혀 없고, 나의 타고난 이성 능력으로 아무리 노력해도 결코 그러한 지식을 얻을 수 없다. 그 이념[자유의 이념]은 다만 내가 감성계에 속하는 모든 것을 내 의지를 결정하는 근거가 되지 못하게 제외했을 때에도 남아 있는 그 어떤 것을 의미할 뿐이다. 이렇게 하는 것은, 감각적인 것의 영역에 경계선을 그어서 모든 것이 그 영역 안에 들어 있는 것이 아니라 그 영역 바깥에도 '더 많은 것'이 있다는 것을 보여줌으로써, 감각적인 것의 영역에서 나오는 동인의 원칙[자연 필연성]을 제한하기 위한 것이다. 그러나 나는 이 '더 많은 것'에 대해 그 이상 알지 못한다. 이러한 이상[Ideal 理想]을 생각하는 순수한 이성에 관해서는 모든 내용을, 즉 객체에 대한 인식을 분리해내고 나서 나에게 남는 것은 형식, 다시 말해 준칙의 보편타당성이라는 실천적 법칙뿐이다. 그리고 이 법칙에 맞추어 순수한 지성계에 관련된 이성을 가능한 작용 원인으로, 즉 의지를 결정하는 원인으로 생각하는 것뿐이다. 여기에서는 동기가 전혀 없어야 한다. 그렇지 않다면 지성적 세계라는 이념 자체가 동기가 되어야 하거나, 이성이 근원적으로 관심을 갖는 것이 되어야 하는데, 이것을 파악하는 것이 바로 우리가 풀 수 없는 과제인 것이다.

그래서 여기에 모든 도덕적 탐구의 한계가 있다. 그러나 그 한계를 정하는 것은 물론 매우 중요한데, 한편으로는 이성이 최상의 동인과 '개념으로 파악할 수 있지만 경험적인 관심'을 감성계 안에서 찾아 헤매면서 도덕을 손상하는 일이 없게 하기 위해서이고, 다른 한편으로는 이성이 자신에게는 진공인, 지성적 세계라는 이름의 초험적[경험을 넘어서는] 개념 안에서 [진공이기 때문에 마찰이 없어서] 조금도 나아가지 못한 채 힘없이 날개짓만 하거나 환상에 빠져 길을 잃지 않도록 하기 위해서이다. 그렇다 해도, 우리 자신도 이성적인 존재로서(비록 다른 한편으로는 동시에 감성계의 구성원이기도 하지만) 속해 있는, 모든 지성적 존재 전체인 순수한 지성계라는 이념은 모든 앎이 끝나는 경계선이지만, 여전히 이성의 믿음을 위해 쓰일 수 있고 또 [쓰이도록] 허용된 이념이다. 그렇게 해서 목적들 그 자체의(이성적인 존재들의) 보편적 나라라는 이념을 통해서, 우리도 자유의 준칙에 따라 마치 그 준칙이 자연의 법칙인 것처럼 신중하게 행동한다면 그 구성원이 될 수 있는 보편적 나라라는 이념을 통해 우리 안 463 에 도덕 법칙에 대한 생생한 관심을 불러일으키려는 것이다.

맺는 말

자연에 관해 이성을 사변적으로[이론적으로] 사용하면, 세계의 어떤 최상의 원인이 절대적으로 필연적인 것이라고 하게 된다. 자유를 의도해서 이성을 실천적으로 사용해도 역시 어떤 절대적인 필연성에 이르지만, 다만 이성적인 존재가 이성적인 존재로서 하는 행위의 법칙만이 절대적으로 필연적인 것이 된다. 그런데 우리의 이성을 어떻게 사용하든 그 본질적인 원칙은, 그 필연성이 의식될 때까지 자기의 인식을 밀고 나가는 것이다(이렇게 하지 않는다면 그것은 이성의 인식이 아니기 때문이다). 또한 바로 그 이성을 마찬가지로 본질적으로 제한하는 것은, 어떤 것이 지금 있거나 일어나고 있거나 일어나야 하는 조건에 근거하지 않는다면[조건이 무엇인지 알지 못한다면] 이성은 지금 있거나 일어나고 있는 것의 필연성도, 일어나야 한다는 것의 필연성도 통찰할 수 없다는 것이다. 그러나 그 조건이 무엇인지 이렇게 끊임없이 물어 들어가도 이성의 만족은 언제나 멀리 미루어질 뿐이다. 그래서 이성은 '무조건적으로 필연적인 것'을 끊임없이 찾지만, 개념으로 파악하게 하는 어떤 수단도 없이 그것을 받아들일 수밖에 없고, 이러한 전제와 조화를 이루는 개념을 찾아낼 수 있기만 해도 아주 다행이라는 것을 알게 된다. 그래서 무조건적인 실천 법칙(그러한 것은 정언적 명령법일 수밖에 없다)이 절대적으로 필연적이라는 것을 이성이 개념으로 파악할 수는 없지만, 그것이 우리가 도덕성의 최상 원칙을 연역한 것에 흠이 될 수는 없으며, 그것은 오히려 인간 이성 일반이 받아야 할 비난인 것이다. [인간 이성의 한계이다.] 왜냐하면 이성이 어떤 조건에 의해, 즉 관심을 근거로 해서 그렇게 하고 싶어 하지 않는다고 이성을 나쁘게 볼 수는 없기 때문이다. 그렇게 한다면 도덕 법칙, 즉 자유의 최상의 법칙이 결코 아닐 것이다. 그래서 우리는 도덕적 명령법[정언적 명령법]이 무조건적으로 실천해야만 하는 필연적인 것임을 개념을 통해서는 파악하지 못하지만, 그것을 개념적으로 파악할 수 없다는 것만은 파악한다. 이것이 인간 이성의 경계선까지 원칙들을 추구하는 철학에게 정당하게 요구할 수 있는 전부이다.

자유로운 인간을
위한 도덕

1. 칸트의 철학과 '기초 놓기'

매일 똑같은 시간에 똑같은 산책로를 지나는 한 교수가 있다. 그의 생활은 너무나 규칙적이고 예외가 없어서, 그 도시 사람들은 그가 산책하기 위해 현관문을 나서는 모습을 보고 시계를 맞춘다. 이 유명한 일화에 등장하는, 시계처럼 정확한 사람이 독일의 철학자 칸트라는 것은 그의 철학을 전혀 알지 못하고, 철학이라는 것에 전혀 관심이 없는 사람들도 한 번쯤은 들어서 알고 있을 것이다. 우리는 이 일화에서, 흔히 시계의 모습으로 연상되는 근대의 결정론적 세계관, 최초에 주어진 운동량과 방향이 온전히 알려진다면 그 후에 일어날 모든 일을 정확히 예측할 수 있다고 장담하는 근대의 과학 정신을 볼 수도 있고, 또한 벤저민 프랭클린Benjamin Franklin이 자서전에서 강조한 시간 엄수, 정직, 근면, 검약이라는 근대 시민 계급의 금욕적인 덕목을 볼 수도 있다. 어느 쪽이 되었든, 칸트의 이러한 생활을—조금은 꾸며졌을지도 모른다—모범적이라 생각하고 자랑스럽게 후세에 전해준 전기 작가의 의도와는 달리, 불확정성의 원리가 지배하는 양자 역학의 시대에, 그리고 근대 시민 사회의 금욕적 덕목이 더 이상 소중하게 받아들여질 수 없는 현대 사회에서 시계추처럼 움직이는 칸트의 모습은 어쩐지 우스꽝스럽고 따분하고 답답하고 고지식하다는 인상을 준다. 혹은 최소한 보통 사람과는 다른, 이해할 수 없는 철학자라는 인상을 준다. 이제는 뉴턴Isaac Newton의 고전 물리학이 더 이상 절대적 진리가 아니고, 벤저민 프랭클린의 자서전이 더 이상 읽히지 않는 시대인 것이다.

세 시간 이상 걸리는 점심 시간에 사교계의 부인들과 철학에 관해서가 아니라 요리에 관해서 이야기하고, 재치 있는 농담으로 부인들의 웃음을 이끌어내는 철학 교수, 가난한 학생들의 생활을 걱정하며 그들에게 장학금을 마련해주고, 자신도 잘 알지 못하는 젊은 철학자의 저서가 출판될 수 있도록 직접 청탁에 나서는 노교수의 모습에서도 우리는 칸트를 발견한다. 사실 칸트의 성품을 알려주는 많은 글들은, 그가 얼마나 솔직하고 유쾌한 사람이었는지 보여준다. 칸트는 당시 사교계의 많은 사람들과 사귀었고, 그렇게 사귄 사람들이나 학생들을 집으로 초대해서 오랜 시간 담소를 나누었다. 그는, 자신의 강의를 제대로 이해하지 못하는 어린 학생들—당시에는 열여섯 살 된 대학생도 많았다—때문이기도 했지만, 자신의 강의에 깊은 회의를 느껴 "나는 매일 강의대 앞에 서서, 무거운 망치를 휘두르듯이 항상 비슷한 강의만 되풀이한다"고 스스로를 책망한다. 우리는 칸트에게서 하늘의 별만 쳐다보다가 발 밑의 웅덩이에 빠지는, 가까이할 수 없는 철학자의 모습이 아니라, 일상의 사소한 즐거움을 즐기면서도 구체적인 문제로 자신의 한계를 느끼고 토로하는 솔직한 인간의 모습을 본다. 경제적 능력이 없다면 결혼하지 말아야 한다고 주장하고 그런 이유로 자신 역시 평생 독신으로 지낸 사람, 나이가 들도록 교수 자리를 얻지 못하자 '불투명한 미래에 대한 걱정으로 항상 불안해하는' 사람을 어떻게 신비화할 수 있겠는가? 더 이상 신화가 권위를 행사하지 못하는, 그래서 종교조차 인간의 이성을 통해 검증받아야 하는 세속의 시대에 한낱 또 다른 한 명의 인간일 뿐인 이 철학자의 삶이 신비하지 않다고 해서 이상할 것은 없다. 칸트는 사상뿐 아니라 삶에서도 모든 권위와 신비를 거부하는 근대 정신에 충실했다.

너무나 인간적인 그의 삶과 마찬가지로 그의 이론 철학도, 그의 도덕 철학도 인간의 경험을 무시하지 않으며, 그 경험을 뛰어넘지도 않는다. 인간의 한계를 뛰어넘어서 사유할 때 우리는 공기가 없는 진공 속에서 날아오르려는 새와 같이 헛된 날갯짓만 할 뿐이다. 인간의 사유 능력의 한계를 설정해서, 인간이 '앎'을 정당하게 요구할 수 있는 영역과 그러한 앎을 요구하면 월권에 빠지는 그런 영역의 한계를 그으려는 것이 칸트의 이론 철학이다. 이렇게 인간의 인식 능력을 비판(한계 설정)한다고 해서 이 철학은 '비판 철학'이라고 불린다. 철학은 그때까지 자신이 요구할 권리가 없는 땅을 마치 자신의 소유인 양 차지하고서 근거 없는 주장들을 펴고 있었던 것이다. 이런 한계 설정으로 우리가 잃는 것은 없는—이전의 독단적인 철학에서 인간이 알 수 있는 영역으로 간주되었던 신, 영혼, 자유 의지 등은 원래 인간 인식의 영역이 아니었으므로—반면 그동안 우리가 확실하게 알고 있다고 주장해왔음에도 항상 그 근거가 의심되던 과학적 인식을 안전하게 확보했다. 칸트는 자신의 이론 철학으로 우리가 경험하는 앎에 정당한 자리를 마련해준 것이다. 즉 비판 철학은 '소극적'으로는 우리가 인식할 수 없는 영역을 인정했지만, '적극적'으로는 우리가 정당하게 요구할 수 있는 영역을 확보한 것이다.

이런 근대 과학의 앎은 인간의 자유를 인정하지 않는다. 근대 과학이 세계를 알아가는 방식인, 세계 안의 모든 사건은 원인에 의해 결정되어 있다는 '인과성'의 법칙은 필연적이고 보편적이어서, 세계 안에 존재하는 모든 것에 적용되고, 인간이라고 예외일 수 없다. 그렇다면 도덕적 행위가 가능하기 위해서 없어서는 안 되는 '도덕의 존재 근거'가 되는 행위의 '자유', 즉 인간의 '자유 의지'는 어떻게 될 것인가? 인과성의 법칙에도 불구하고, 우리는 일상 생활에서 마치 자신이 자유롭게 결정할 수 있는 것처럼 행동하고, 어떤 사람의 행위를 비난할 때도 그가 그 행위를 자유롭게 결정한 것으로 간주한다. 다시 말해 우리는 자유를 매일매일 경험하면서 살아간다. 우리에게 행위의 자유가 없다면, 내 마음속에서 일어나는 모든 갈등과 죄책감, 도덕적 행위에 대한 존경심 등은 한갓 '망상'에 지나지 않을 것이다. 칸트는 이것을 인정할수 없었다. 인간의 일상적인 삶을 너무나 잘 알고 있는 그로서는 인간이 얼마나 쉽게 사소한 욕망과 충동의 노예가 될수 있는지 잘 알고 있었지만, 반면에 인간은 누구나 그런 욕망과 충동을 딛고 일어서서 도덕적 삶을 살 수 있다는 것 역시 알고 있었다. 따라서 그에게 도덕성은, 자유는 이미 우리의 일상적 삶에서 경험되는 부인할 수 없는 사실인 것이다. 다만 이 도덕성을 부인하는 회의주의자들에게 맞서, 어떻게 철학적으로 정당한 논변을 제시할 것인가 하는 문제가 있을 뿐이다. 《도덕 형이상학을 위한 기초 놓기》에서 칸트는 도덕에 대한 평범한 사람들의 생각에서 출발하여 그 생각을 철학적으로 정당화하려 한다.

칸트는 인간의 도덕성이 무엇인지는 잘 교육받은 특정 계급에 의해 알려지는 것이 아니라, 보통의 지성을 갖춘 보통 사람의 도덕에 대한 생각에서 이끌려 나온다고 말한다. 도덕성은 노동자든 귀족이든 잘난 사람이든 못난 사람이든 가리지 않고 모든 사람에게 적용되며 또 그래야만 한다. 이 점에서는 철학자라 하더라도 보통 사람보다 나을 것이 없다. 오히려 철학자는 쓸데없는 생각 때문에 진정한 도덕성을 판단하는 데 방해받을 뿐이다. 사람들이 자기가 알지 못하거나 알 수 없는 도덕적 의무를 질 수는 없기 때문에, 근본적으로 모든 사람은 무엇이 도덕적인지에 대해 철학 없이도 올바르게 알 수 있어야 한다. 다만 그것이 명료하게 표현되기 위해서 철학이 필요할 뿐이다. 자연 법칙은 그것이 보편적이고 필연적으로 적용되기 때문에 '법칙'이라고 불린다. 그 법칙은 법칙이기 때문에 사람을 가리지 않고 누구에게나 적용된다. 마찬가지로 도덕 법칙 역시 법칙이기 때문에 객관적이고 사람을 가리지 않는다. 그것은 개별적인 사람의 주관적인 조건, 즉 감정이나 경향성을 고려하지 않고 무차별적으로 적용된다. 모든 사람이 도덕적 의무를 지기 위해서는 모든 사람이 자신의 도덕적 의무가 무엇인지 알고 있어야 한다는 이 단순한 생각 속에는, 인간성 안에서 어떠한 차별도 용납하지 않으려는 칸트의 신념이 들어 있다. 평범한 인간들의 삶에 대한 칸트의 신뢰는, 한편으로는 그가 일상 생활에서의 도덕적 의무의 실천을 중시하는 독실한 경건주의자 부모 밑에서 자라났다는 점에서, 다른 한편으로는 어떠한 종교와 정치의 독단과 권위에도 의지하지 않고 오로지 인간 자신의 이성에만 의지하려는 당시의 계몽주의 정신에서 그 이유를 찾을 수 있다.

도덕 법칙은 '법칙'이기 때문에 객관적이고, 나의 사사로운 주관적 욕구나 충동과 상관없이 언제나 한결같이 지켜야할 나의 의무가 되어야 한다는 칸트의 생각에서 우리는, 시계처럼 정확하게 산책에 나서는 그를 이해하게 된다. 다른한편으로 그런 도덕 법칙이 신성한 어떤 것이어서 위대한 철학자나 신학자의 머리로만 이해되고, 그들이 불러주는 대로따라하기만 하면 되는 것이 아니라, 상식을 가진 인간이라면누구나 알 수 있는 것이라는 생각은, 식탁에서 유쾌하게 농담을 던지는 칸트를 이해할 수 있게 해준다. 칸트는 자기가생각하면 할수록 점점 더 새롭고 더 많은 감탄과 외경심을자아내는 두 가지가 있다고 한다. 한 가지는 '내 머리 위의 별이 총총한 하늘'이고 다른 하나는 '내 마음속의 도덕 법칙'이다. 도덕 법칙은 나와 멀리 떨어져서 빛나는 것이 아니라 내마음속에서 빛나는 것이다. 다시 말해 내가 아니면 빛날 수없는 것이다. 구체적인 한 사람 한 사람의 인간의 행위를 통해서 실현되지 않으면 실현될 방법이 없는 법칙, 하지만 법칙이기 때문에 구체적인 한 사람 한 사람의 인간의 개별적상황을 무시하고 모든 인간에게 무차별적으로 적용되는 법칙, 그 법칙이 무엇인지, 어떻게 그런 법칙이 가능한지를 밝히는 것이 칸트의 도덕 철학이 맡은 임무이다.

《도덕 형이상학을 위한 기초 놓기》는 칸트의 도덕 철학 사상이 처음으로 완결된 저서의 모습으로 나타난 것인 만큼 의미가 크다. 이 책은 도덕에 관한 이전의 어떤 철학과도 다른 전혀 새로운 사상을 담고 있다. 인간의 도덕성에 대한 설명에 크나큰 영향을 미쳤고, 그것은 지금까지도 마찬가지이다. 모든 인간은 목적 자체이고, 타인에 의해 수단으로서만 사용되어서는 안 된다는 것, 자기의 인간성에 대한 존경은 타인의 인간성을 존경할 때 비로소 완성된다는 것, 도덕성이란 곧 자유이며, 스스로 도덕 법칙을 지키는 자율성이라는 것 등 이 책의 핵심 사상은 단지 도덕 철학의 이론으로 그치지 않고, 일반인들의 일상적 생각 속에 하나의 문화로 스며 있다.

많은 사람이 도덕을 말할 때 인간성에 대한 존경과 자유의 소중함을 말한다고 해서 칸트의 도덕 철학이 쉽게 이해되고 받아들여졌다는 것은 아니다. 칸트의 도덕 철학의 핵심적인 사상이 대중에게 널리 퍼진 것은 사람들이 그의 사상을 이해했기 때문이 아니라 그의 사상이 영향력을 갖고 있기 때문이다. 《도덕 형이상학을 위한 기초 놓기》는 칸트 자신의 말대로 그 거창한 이름에도 불구하고 전문적인 철학적 지식 없이도 쉽게 읽을 수 있는 책이다. 이것은 앞에서도 밝혔듯이 칸트 자신이 상식에서 출발하여 논의를 전개하고 있고, 다양한 예를 들고 있으며, 핵심적인 사상을 반복해서 부연 설명하고 있기 때문이다. 하지만 그의 주장을 정확히 이해하면서 따라가는 것은 상당히 어려운 일이다. 각 장에는 몇 개의 작은 논변들이 제시되고 그 하나하나의 논변은 다음 장의 논변을 위한 근거가 되는데, 각 장의 작은 논변들을 이해하고 그것이 어떻게 전체 논변에 기여하는지를 파악하는 것이 쉽지 않기 때문이다. 이것은 지금까지도 많은 철학자들이 이 책에 관한 논문을 발표하고 있고, 그것의 올바른 해석을 위해 활발히 논의되고 있다는 것만으로도 충분히 알 수 있다.

이 해제는《도덕 형이상학을 위한 기초 놓기》에 대한 세부적인 논의를 소개하기보다는 머리말과 각 장에 나타난 칸트의 개별적 논변과 전체의 논변을 연결해서 파악할 수 있게 하고, 그렇게 함으로써 이 책 전체를 관통하고 있는 사상과 논변을 드러내 보이고자 한다. 이를 위해서 우선 칸트 철학 전체에서 그의 도덕 철학 그리고《도덕 형이상학을 위한 기초 놓기》가 차지하는 위치를 먼저 알아보자.

2. 칸트의 철학이 노리고 있는 것

칸트 시대의 경험론자들은 도덕을 포함한 우리의 모든 지식이 경험에서 나온다고 했고, 반면에 합리론자들은 자명한 이성의 원칙에서 모든 진리가 도출된다고 믿었다. 모든 진리가 아니라면, 적어도 신의 존재, 영혼의 불멸성, 도덕성 등에 관한 진리는 자명하거나 연역적으로 증명된다고 믿었다. 칸트는 경험론자와 합리론자의 입장을 분명하게 구별할 수 있도록 판단을 두 부류로, 즉 분석적 판단과 종합적 판단으로 나누고, 다시 선험적 판단과 후험적 판단으로 나눈다. 이렇게 판단을 두 부류로 구별하는 것은 칸트의 이론 철학과 도덕 철학에서 중요한 역할을 하고 있고,《도덕 형이상학을 위한 기초 놓기》의 전체 논변을 이해하기 위해서는 이 구별에 익숙해지는 것이 필요하다.

우선 분석적 판단과 종합적 판단의 구별을 살펴보자. 분석적 판단이란 술어가 주어의 개념 속에 포함되어 있는 판단이다. 칸트는 이런 판단을 '설명적 판단'이라고도 하는데, 술어가 주어의 개념에 이미 포함되어 있는 것을 끌어내어 설명하고 있을 뿐, 주어의 개념에 포함되지 않은 것은 아무것도 보태지 않기 때문이다. 만약 술어가 주어의 개념에 어떤 새로운 것을 보탠다면, 그 판단은 종합적이다. 따라서 분석적 판단은 우리가 그 판단을 부정하면 반드시 모순에 빠지게 된다. 예를 들어 '총각은 결혼하지 않은 남자다'라고 할 때, 우리는 '총각'이라는 주어에 아무런 새로운 사실을 보태지 않고, 다만 '총각'이라는 개념 안에 이미 들어 있는 것을 끄집어냈을 뿐이다. 분석적 판단과 종합적 판단의 구별은, 어떤 판단을 참이나 거짓으로 만드는 요소가 무엇인지에 따른 구별이다. 다음으로 선험적 판단과 후험적 판단의 구별을 보자.

어떤 판단이 경험에서 나온 것이라면 그것은 후험적 판단이고, 어떤 판단이 그 어떤 개별적인 경험과도 무관하게 나온 것이라면 그것은 선험적 판단이다. 따라서 이러한 구별은 우리가 어떤 판단의 참과 거짓을 알아내는 방식과 관련된다.

이렇게 판단을 두 가지로 구별하고 나면, 가능한 판단의 종류는 세 가지가 된다. 분석적이고 선험적 판단, 종합적이고 선험적 판단, 종합적이고 후험적 판단이 그것이다. 분석적이고 후험적 판단은 있을 수 없는데, 어떤 판단이 분석적이라면 술어의 진술이 참인지 거짓인지를 알기 위해 경험에 의지할 필요가 없기 때문이다. 그리고 후험적 판단은 종합적일 수밖에 없는데, 경험을 통하여 우리에게 알려지는 술어는 단순히 주어에서 분석되어 끄집어내질 수 없고 주어에 덧붙여져서 종합되기 때문이다. 예를 들어 '하늘은 푸르다'라는 판단은, '하늘'이라는 개념에서 '푸르다'라는 술어를 끄집어낼 수 없기 때문에, '하늘'과 '푸르다'라는 두 사실이 결합되어 있다는 것이 경험된 후에(후험적으로) 이루어진 것이다. 그렇다면 이제 종합적이고 선험적 판단이 남았다. 이 판단은 주어에 담겨 있는 것만이 아니라 어떤 새로운 것을 우리에게 말해주어야 하며(종합적이기 때문에), 그러면서도 경험과 무관하게 오직 지성을 통해서 이루어져야 한다(선험적이기 때문에).

세계에 관해서건, 도덕에 관해서건 우리의 인식을 확장할 수 있는 것은 분석적 판단이 아니라 종합적 판단이며, 그 인식이 우연적인 것이 아니라 필연적인 것이 되려면 경험에 의지하지 않는, 경험에서 독립한, 선험적 판단에 의거해야 한다. 따라서 경험과 섞이지 않은 순수한 이성이 어떤 것을 말해줄 수 있다면, 그것은 선험적 종합 판단의 형식이어야 할 것이다. 칸트에게 순수한 이성의 '진정한 과제'는 어떻게 선험적 종합 판단이 가능한가를 알아내는 것이다. 따라서 이론 철학에서건, 실천 철학에서건 칸트의 주요한 관심은 어떻게 선험적 종합 판단이 가능한가 하는 문제에 있었다. 이제《도덕 형이상학을 위한 기초 놓기》에서 이것이 어떻게 해결되는지 살펴보자.

3.《도덕 형이상학을 위한 기초 놓기》에 대하여

(1) 머리말

여기서 칸트는 먼저 철학을 자연학, 윤리학, 논리학으로 나누고, 그 학문들이 각각 어떤 법칙을 연구 대상으로 삼는지 설명한다. 사유라면 무엇이든 다루는 '논리학'은 사유의 법칙을 연구 대상으로 삼고, 세계가 존재하는 방식을 다루는 '자연학'은 자연 법칙을 연구 대상으로 삼고, 도덕을 다루는 '윤리학'은 자유의 법칙(자유로운 존재의 행위를 지배하는 법칙)을 연구 대상으로 삼는다. 논리학은 순수한 이성의 영역이므로 경험적인 부분을 갖지 않지만, 자연학과 윤리학은 모두 순수한 부분과 경험적인 부분을 갖는다. 예를 들어, 우리는 바이러스가 독감의 원인이라거나 화재가 연기의 원인이라는 등의 개별적인 자연 법칙은 경험을 통해서 알 수 있지만, '모든 사건은 원인을 갖는다'는 것은 어떻게 알 수 있는가? 모든 사건은 원인을 갖는다는 '인과성의 법칙'은 개별적 자연 법칙의 경험을 통해서는 주어지지 않는데, 우리가 모든 사건을 경험할 수는 없기 때문이다. 그렇다고 해서 '모든 사건은 원인을 갖는다'는 판단이 분석적인 것도 아닌데, '사건'이라는 주어의 개념을 아무리 분석해보아도 '원인을 갖는다'라는 술어가 나오지 않기 때문이다. 결국 인과성의 법칙을 표현하는 판단은 경험과 무관하므로 선험적이고, 주어가 술어를 포함하고 있지 않으므로 종합적이다. 이렇게 선험적 종합 판단만을 다루는 순수한 철학을 칸트는 '형이상학'이라고 부른다. 그런데 선험적 종합 판단이 개별적인 자연 법칙을 대상으로 한다면 그것은 '자연 형이상학'일 것이다.

그렇다면 분명 '도덕 형이상학', 즉 개별적인 도덕 법칙들을 선험적이고 종합적으로 다루는 순수한 철학도 있을 것이다. 실제로 경험 중에서 '모든 것이 어떻게 일어나는지'를 다루는 것이 아니라 경험과 상관없이 '모든 것이 어떻게 일어나야만 하는지'를 다루는 것이 도덕 법칙이라면, 도덕 법칙은 반드시 선험적이어야 하기 때문이다. 도덕 법칙은 분석적일 수 없다. 만약 분석적이었다면, 도덕적 문제에 관한 모든 논쟁은 단지 도덕 법칙에 나타난 주어를 분석하기만 하면 해결되었을 것이기 때문이다.

도덕 형이상학을 위한 이 '기초 놓기'는 나중에《도덕 형이상학 Die Metaphysik der Sitten》에서 다루게 될 구체적인 주제에 대한 기초를 세우려는 것이다. 즉 도덕성이라는 것이 도대체 어떻게 해서 가능한가, 칸트의 표현을 빌리면 "도덕성의 최상의 원칙을 찾아서 확정하는 일"이《도덕 형이상학을 위한 기초 놓기》가 의도하는 것이다. 이 최상의 원칙이 곧 '정언적 명령법'이고, 우리의 행위가 도덕적 행위의 형식에 맞아야 한다는 명령인 것이다. 자연이 보편적으로 법칙에 따라 운동한다는 원칙이 선험적이고 종합적이어야 하는 것과 마찬가지로 우리 인간이 법칙에 따라 행위'해야만 한다'라는 원칙도 선험적이고 종합적이어야만 한다. 그렇지 않다면 도덕이라는 것 자체가 존재할 수 없을 것이기 때문이다. 따라서 이 책의 의도는 '정언적 명령법'이 있다는 것, 즉 우리에게 도덕이라는 것, 도덕적 의무가 있다는 것을 확정하겠다는 것이다. 이 일이 우선적으로 이루어지지 않는다면, 그 도덕적 의무가 구체적으로 무엇인지를 다루는 도덕 형이상학은 허공에 세워진 집과 같을 것이다.

(2) 제1장 도덕에 대한 평범한 이성 인식에서
    철학적 이성 인식으로 넘어감

머리말의 끝에는 이 책의 각 장에서 이루어져야 할 일들이 제시되어 있는데, 이 일들 하나하나가 더해져서 《도덕 형이상학을 위한 기초 놓기》 전체의 논변을 이루게 된다. 제1장에서 할 일은 '도덕에 대한 평범한 이성 인식에서 철학적 이성 인식으로 넘어가는 것', 즉 도덕성에 대한 우리의 일상적인 생각에서 출발해 그것들을 분석함으로써 그 배후에 있는 원칙을 발견해내는 것이다. 이 장에서 칸트는 인간에게 '도덕적 의무'가 있다는 것을 증명하려고 하지 않고, 다만 평범한 사람들이 도덕에 대해 가지고 있는 생각을 '분석'해서, 그러한 생각을 갖도록 자기도 모르는 사이에 전제하고 있는 것들이 무엇인지 밝혀내려고 한다.

'평범한 이성 인식'이 도덕에 대해 가지고 있는 생각들 중 하나는 도덕적으로 선한 행위는 특별한 종류의 가치를 갖는다는 것이다. 제1장은 '절대적 가치'를 가진 것은 오직 '선한 의지'뿐이라는 주장으로 시작된다. 선한 의지는 오직 '선해지려고 한다'는 것에 의해서만, 어떤 다른 것과 관련되지 않고 그 자체로 그러한 절대적 가치를 가진다. 건강이나 행복과 같은 것도 물론 가치를 갖지만, 그것들이 갖는 가치는 다른 것과의 관련하에서 갖는 '조건적 가치'일 뿐이다. 예를 들어, 유능한 과학자가 가진 천재성은 전 인류에게 재앙을 가져다줄 수 있다. 과학자의 그 천재성은 물론 그 자체로 가치 있는 것이지만, 그렇다고 해도 선한 목적에 사용된다는 '조건에서만' 가치가 있다. 실패를 두려워하지 않는 강인한 성품은 그 자체로 가치 있는 것이지만, 흉악한 범죄자가 그러한 성품을 갖고 있는 경우라면 그 성품은 가치가 없거나 가치가 감소할 것이다. 따라서 그런 성품은 누구에게 속하느냐에 따라 상대적으로 가치를 갖는다. 그러나 물에 빠진 어떤 사람을 '구하려고 하는' '선한 의지'를 생각해보자. 그 사람을 구하려다가 자기도 함께 죽을 수 있고, 또는 물에 빠진 그 사람이 극악무도한 살인마일 수도 있지만, 사람들은 죽어가는 사람을 살리려고 하는 선한 의지를 그 자체로 칭찬하고 존경한다. 그 선한 의지는 천재성이나 강인한 성품과는 달리, 그것이 가져올 결과나 이익에 전혀 상관없이 그 자체로 가치를 갖는다.

사람들이 물에 빠진 사람을 구하려고 한 그 선한 의지에 절대적 가치를 주는 것은, 그 행위를 일으킨 '동기'가 다른 행위의 동기와 다르다고 생각하기 때문이다. 만약 물에 빠진 사람을 구하려고 했던 것이 상이나 금전적인 보상을 받으려는 동기에서 비롯된 것이라면, 혹은 물이 그렇게 깊다는 것을 알았다면 하지 않았을 일인데 물이 얕다고 잘못 판단한 탓에 하게 된 것이라면 사람들은 그 행위에 그런 절대적 가치를 주지 않을 것이다. 사람들이 도덕적으로 선한 행위에 절대적 가치를 주는 것은 어떤 특별한 종류의 동기가 있다고 생각하기 때문이다. 이 동기가 어떤 종류의 것인지 알게 된다면 도덕적으로 선한 행위가 무엇인지, 도덕 법칙이 우리에게 말하는 것이 무엇인지 알게 될 것이다. 칸트는 그 동기를 '의무'에서 찾으려고 한다. 그래서 "모든 우리 행위의 가치를 평가할 때, 항상 맨 앞에 있고 나머지 모든 가치의 조건이 되는 그 선한 의지라는 개념을 명백히 하기 위해 우리는 **의무**라는 개념을 다루려고 한다."[54]

의무라는 것은 행위자 자신이 갖는 어떤 장애와 한계를 넘어서려는 선한 의지를 말한다. 그런 장애와 한계는 오히려 선한 의지를 더욱 빛나게 할 것이다. 어떤 행위가 '의무에 맞는' 경우를 생각해보면, 그 안에는 두 가지 종류가 있음을 알게 된다. 하나는, 자기가 생각하는 다른 이익이나 자기의 타고난 성품 때문에 어떤 일을 했는데, 그것이 우연히 '의무에 맞는' 경우이다. 예를 들어, 상인은 장기적인 이익을 생각해서 손님을 정직하게 대할 수 있다. 또 어떤 선량한 사람은 가난한 사람만 보면 도와주고 싶은 마음을 물리칠 수 없어서 자선을 베푼다. 상인의 정직함과 선량한 사람의 자선은 물론 의무에 맞다. 하지만 그것은 우연히 의무에 맞은 것이지, 의무가 동기가 되어서, 다시 말해 '의무이기 때문에' 행한 행위는 아니다. 상인은 더 큰 눈앞의 이익 때문에 손님을 속일 수 있을 것이고, 선량한 사람은 어느 순간 자신의 고통 때문에 반드시 자선을 베풀어야 할 때 가난한 사람을 외면할 수 있다. 그러나 '의무에 맞는' 어떤 행위가 '의무이기 때문에' 이루어진 것이라면, 특히 이익을 바라는 마음이나 타고난 냉혹한 마음이라는 장애와 한계를 극복하면서 이루어진 것이라면, 그 행위는 우연히 의무에 맞는 것이 아니라 필연적으로 '의무에 맞을' 것이고, 따라서 절대적인 가치를 갖는 '선한 의지'의 자격을 갖게 될 것이다. 선한 의지는 의무를 동기로 하는 의지, 즉 '의무이기 때문에' 하려고 하는 의지인 것이다.

칸트는 행위의 동기를 세 가지로, 즉 다른 목적을 염두에 두고 하는 행위, 직접적인 경향성에서 하는 행위, '의무이기 때문에' 하는 행위로 나누고 있다. 정직하게 손님을 대하는 상인은 이익이라는 다른 목적을 동기로 하고 있고, 선량한 성품을 타고난 사람의 자선은 남을 도와주고 싶어하는 '직접적인 경향성'을 동기로 하고 있다. 이때, 배후의 어떤 다른 목적을 동기로 하는 첫 번째 경우는 '의무이기 때문에' 하는 도덕적 행위와 뚜렷이 구별되지만, '의무에도 맞고' 행위자의 타고난 기질이나 성향에도 맞는 행위, 다시 말해 행위자가 그렇게 '하고 싶어서' 하는 행위의 경우는 '의무이기 때문에' 하는 행위와 잘 구별되지 않는다. '직접적인 경향성'에서 하는 행위는 다른 목적을 갖는 것이 아니라 바로 그 '의무에 맞는' 행위 자체를 원하고 있기 때문이다. 하지만 어떤 행위를 다른 목적의 수단으로 여겨서가 아니라 그 행위 자체를 원해서 한다고 해서 그것이 '의무이기 때문에' 하는 행위가 될 수는 없다. 칸트는 이 두 가지 행위를 구별하기 위해 몇 가지 예를 들고 있다.[55]

칸트에 따르면, 우리는 본성에서 나온 '동기들'에 따라서 어떤 행위를 하거나 하고 싶어 한다. 죽기 싫어하는 마음이나 남을 돕고 싶어 하는 마음, 행복해지고 싶어 하는 마음 등은 모두 우리의 욕망이고 경향성이다. 또한 도덕적이려고 하는 마음도 있는데, 이것 또한 우리가 어떤 행위를 하는 데 '동기'가 된다. 동기라는 것은 욕망과 경향성이든 도덕성이든, 직접 우리의 결심과 행위를 일으키는 것이 아니라 결심과 행위에 대한 이유를 제공하는 것이다. 다시 말해, 누군가 어떤 동기에서 어떤 행위를 하기로 했다면, 그 사람은 그 동기에 따라서 행위하는 것을 '행위에 대한 자기만의 원칙, 즉 준칙으로 삼은 것'이다. 누군가가 '마음 내키는 대로 하는 것'을 자기의 준칙으로 삼는다면, 그의 행위의 동기는 순간적인 욕망이라고 할 수 있을 것이다.

칸트에 따르면, 동정심을 타고난 사람과 의무를 지키는 사람 사이의 차이는 자선을 베푸는 행위를 할 때 그들이 따르는 준칙에 있다. 동정심을 타고난 사람은 단지 자기가 즐겁기 때문에 자선을 베풀며, 따라서 그의 준칙은 '자기에게 즐거운 일을 하라'는 것이 될 것이다. 그 사람이 자선을 베풀 때는 명예욕이나 허영심 같은 배후의 다른 의도가 있는 것이 아니다. 그 자선 행위 자체가 그 사람이 의도한 것이지만 그런 행위를 의도한 이유, 즉 동기는 '자기의 즐거움'인 것이다. 그의 자선이 도덕적인 가치를 갖지 못하는 것은 바로 이 때문이다. 이와 반대로 '의무이기 때문에' 행위하는 사람은 남을 돕는 것이 자기가 '해야만 하는 것이기 때문에' '남을 도와야 한다'는 것을 자기의 준칙으로 삼고, 그 준칙에 따라서 남을 돕는다. 여기에서도 마찬가지로 '의무이기 때문에' 남을 도운 사람이 의도하고 있는 것은 남을 돕는 것이지 '의무를 지키는 것'이 아니다. 그러나 남을 돕기로 의도한 이유는 '자기의 즐거움'에 있지 않다. 그는 그렇게 '해야 하기 때문'에, 즉 그것이 자기의 의무이기 때문에 남을 도운 것이다. 따라서 "'의무이기 때문에' 하는 행위는 그 행위를 통해 달성하려는 의도에서가 아니라, 그 행위를 결심할 때 준수하는 준칙에서 자신의 도덕적인 가치를 갖는다."[56] 여기에서 우리는 '해야 하는 것'이기 때문에 '해야 하는' 행위라는 생각을 보게 된다. 이것은 무엇을 해야 하는지를, 즉 내용을 말하지 않고 오직 '형식'만을 표현하고 있다. 칸트는 어떠어떠한 행위를 해야 한다는 내용을 가진 준칙과 그런 내용을 갖지 않고 단지 '의무이기 때문에' 해야 한다고 하는 형식적인 준칙을 구별한다.

그렇다면 '의무인 것'을 하기로 한 이 '형식적인 준칙'을 따르게 하는 동기는 무엇인가? 어떠한 경향성도 동기가 될 수 없고, 오직 '법칙에 대한 존경심'만이 동기가 될 수 있다. 내용을 가진 준칙이 '자기의 경향성을 만족시키기 위해 행위하라'는 것이라면, 내용 없이 단지 형식만을 가진 준칙이란 개별적인 행위자의 경향성(욕구)을 무시하고 '모든 이성적 행위자에게 적용될 수 있는 그것에 따라 행위하라'라는 것이기 때문이다. 모든 이성적 행위자에게 적용되는 그것이 바로 법칙이고, 모든 이성적 행위자는 그가 이성적이기만 하다면, 오직 법칙에 따라서만 행위할 것이다. 그러나 인간은 이성적이기만 한 것이 아니라 동시에 욕구와 경향성을 가진 감성적인 존재이고, 그래서 저절로 법칙에 따라 행위할 수는 없으며 그 법칙을 따라야겠다고 결심하고 의지해야만 하는 것이다. 모든 이성적 행위자에게 적용되는 법칙은 객관적 실천 법칙이고, 개별적 인간이 그 법칙을 따르겠다는 원칙을 정한 것이 준칙이다. 그렇다면 이성적이기만 한 행위자가 어떤 행위를 하는 동기는 객관적 실천 법칙일 수밖에 없겠지만, 한편으로는 이성적이고 한편으로는 감성적인 개별적 인간의 경우에는 그 객관적 실천 법칙을 따르려고 하는 의지 자체가 행위의 동기가 될 것이다. 이 실천 법칙을 따르려고 하는 의지가 결국은 이 법칙에 대한 '존경심'이다.

이렇게 해서 '의무이기 때문에' 하는 행위가 특별한 도덕적 가치를 얻는 것은, 행위자가 '법칙에 대한 존경심'에서 그 행위를 했다는 사실에 있다. '선한 의지'의 원칙은, 오직 법칙의 형식으로 받아들여질 만한 그런 준칙에 따라, 즉 '하나의 보편적 법칙이 되어야 한다고 나 또한 바랄 수 있도록 그렇게만 행동해야 한다'는 것이다. 이렇게 될 때에만 우리가 일상적으로 생각하는 '도덕적 의무'라는 것이 한갓 허황된 망상이 되지 않을 수 있다.

(3) 제2장 대중적인 도덕 철학에서 도덕 형이상학으로 넘어감

제1장이 도덕성에 대해 우리가 갖고 있는 평범한 생각에서 논의를 전개해 예들을 들어가며 설명했다고 해서, 경험을 통해 도덕성을 정당화한 것은 아니다. '법칙에 대한 존경심'을 동기로 하는 행위만이 도덕적인 가치를 갖는다는 결론이 나왔다고 해서, 실제로 그렇게 행위한 사람이 단 한 명이라도 있어야 하고 그것이 경험적으로 확인되어야 하는 것은 아니다. 그것은 도덕 철학의 문제가 아니다. 우리의 의지가 도덕적이려면 '도덕 법칙(정언적 명령법)'에 따라야 한다는 것을 증명하는 일은 도덕 철학의 문제이지만, 우리가 실제로 그렇게 행위한다는 것을 경험을 통해 확인하는 일은 도덕 철학의 문제가 아니다.

"자연의 모든 것은 법칙에 따라 움직인다. 오직 이성적인 존재만이 법칙에 대한 표상에 따라, 즉 원칙에 따라 행위하는 능력을 갖는데 이것이 의지이다."[57] 돌을 하늘 높이 던지면 땅으로 떨어진다는 것은 자연 법칙이다. 이때 하늘 높이 올라간 돌이 '이제 최고점에 도달했으니 땅으로 떨어져야겠다.

중력의 법칙을 지켜야지'라고 결심해서 떨어지는 것은 아니다. 하지만 이성적인 존재인 우리는 무엇을 행위의 법칙으로 삼을 것인지 생각해보고, 마음속으로 그것을 다짐하면서 행위한다. 다시 말해, 우리는 자연 사물처럼 단지 법칙을 따르기만 하는 것이 아니라, 자기가 따르고 있는 법칙을 마음에 떠올려서(표상해서) 그것에 따라 행위하는데, 이것이 의지이다. 그렇지만 인간은 완전히 이성적인 존재가 아니고, 따라서 욕구, 공포, 나약함 때문에 이성적이지 않은 방식으로 행위하고 싶어 한다. 그래서 우리가 실제로 행위할 때 따르는 주관적 원칙, 즉 준칙과 실천 이성의 객관적 법칙, 즉 도덕 법칙이 일치하지 않을 수 있다. 이렇듯 욕구나 공포에 의해 영향을 받는 우리에게는 실천 이성의 객관적 법칙이 '명령법'의 형식으로 나타나서, 우리가 해야만 하는 것을 명령한다.

명령법에는 가언적인 것과 정언적인 것이 있는데, 가언적인 명령법은 '네가 무엇을 하려고 한다면 어떤 다른 것을 해야만 한다'고 명령한다. 예를 들면 '건강하려면 운동을 해야만 한다', '성공하려면 열심히 공부해야만 한다'라는 식이다. 이 명령법은 어떤 목적을 이루기 위해 무엇을 해야 하는지 말해주기 때문에 '숙달의 명령법'이라고 할 수 있다. 가언적 명령법에는 이것 외에도 행복지려면 무엇을 해야 하는지 말해주는 '영리함의 명령법'도 있다. 이런 가언적 명령법과 달리 정언적 명령법은 우리가 무엇을 하려고 하는지(목적)에 상관없이, 즉 무조건적으로 '우리가 해야만 하는 것'이 무엇인지 명령한다.

칸트는 이런 모든 명령법이 어떻게 해서 '가능한지', 즉 명령법이 어떤 특정한 행위를 하도록 의지를 강제할 수 있는 정당성이 어디에서 오는지를 묻는다. 가언적 명령법의 경우는, 이성적인 존재라면 자기가 원하는 '목적'을 달성하게 해주는 '수단'을 원하지 않을 수 없기 때문에 그런 강제력을 가진다. 그래서 가언적 명령법은 분석적이다. 누군가 어떤 것(목적)을 진정으로 원한다면, 그것을 달성하게 해줄 어떤 것(수단)을 하지 않을 수 없기 때문이다. 따라서 어떤 목적을 원한다는 개념 안에는 그 목적을 달성하게 해줄 수단을 원한다는 것이 포함되어 있고, 어떤 목적을 원하면서도 그 수단을 원하지 않는 사람은 일종의 모순에 빠진다. 이런 가언적 명령법과 달리 정언적 명령법은 '무엇 무엇을 하려고 한다면'이라는 조건이 없는, 즉 무조건적인 명령법이므로, 가언적 명령법처럼 조건절을 분석해서 '해야만 한다'라는 당위를 이끌어낼 수 없다. 다시 말해 정언적 명령법은 분석적일 수 없고, 따라서 종합적이다. 정언적 명령법이 어떻게 가능한가 하는 물음은 어떻게 종합적인 실천 명제가 가능한가라는 물음이고, 도덕 철학은 경험에 근거할 수 없으므로, 이는 결국 어떻게 '선험적 종합적 실천 명제'가 가능한가 하는 물음이 된다. 그 가능성을 밝힌다면 도덕성의 가능성도 밝혀질 것이다. 이것은 '분석'의 문제가 아니고 '종합'의 문제인데, 칸트는 곧장 이 문제를 다루지 않고 제3장으로 미루어둔다. 대신 제2장에서는 제1장과 마찬가지로 정언적 명령법이라는 개념을 분석하여 그것이 포함하고 있는 것이 무엇인지 알아내려고 한다.

ㄱ. 보편적인 법칙

가언적 명령법에서는 목적을 나타내는 조건절이 먼저 주어지지 않으면 그 명령법이 무엇을(수단) 명령하는지 알 수 없다. 하지만 정언적 명령법에서는 조건절 자체가 없기 때문에 그 명령법이 명령하고 있는 것이 무엇인지 곧바로 알 수 있다. 정언적 명령법이란 우리 인간의 준칙이 따라야 하는 하나의 법칙이다. 그러나 그 법칙은 어떤 조건이나 더 상위의 어떤 법칙을 가지지 않는 무조건적인 것이어야 한다. 예를 들어, 우리 인간이 '살인하지 말라'라는 준칙에 따라 행위할 때 그것이 '신의 뜻'이기 때문에 그렇게 하는 것이라면, 우리의 준칙은 '신의 뜻을 따르려면'이라는 조건에 제한되어 있는 것이고 가언적 명령법을 따르는 것이다. 정언적 명령법은 우리에게 무조건적으로 명령해야 하기 때문에 어떤 조건에 의해서도 제한되지 않는다. 우리가 행위할 때 따르는 준칙에 아무런 조건을 제시하지 않는데도 불구하고 준칙이 따라야만 하는 법칙이 있다면 그 준칙 자체가 법칙이 될 것을 명령하는 법칙뿐이다. 그런데 법칙은 보편적으로 적용되어야 한다. 그렇다면 정언적 명령법이 명령할 수 있는 것은 우리의 준칙이 보편적으로 적용되어야 한다는 것뿐이다.

"그러므로 정언적 명령법은 단 하나뿐인데, 그 준칙을 통해서 네가 그것을 동시에 보편적인 법칙으로 삼으'려고 할' 수 있는 그런 준칙에 따라서만 행위하라는 것이다."[58] 어떤 준칙이 보편적인 법칙이 될 수 있는지 없는지를 검토해봄으로써, 즉 그 준칙이 보편적인 법칙이 되기를 바랄 수 있는지를 검토해봄으로써, 우리의 의무가 무엇인지 가려낼 수 있다. 일반적으로 자연이란 보편적인 자연 법칙에 의해서 형성되어 있고, 그래서 자연 법칙을 보면서 법칙의 보편성이란 어떤 것인지 알 수 있다. 그렇다면 준칙이 보편적인 법칙이 될 수 있는지를 검토하는 일은 곧 준칙이 자연 법칙이 될 수 있는지를 검토하는 일이 될 것이다. "그렇기 때문에 의무에 관한 보편적인 명령법은 이렇게 말할 수도 있을 것이다. 마치 네 행위의 준칙이 네 의지에 의해 **보편적인 자연 법칙**이 되어야 할 것처럼 그렇게 행위하라."[59] 그렇다면 이제 나에게 어떤 의무가 있는지, 다시 말해 내가 어떤 준칙을 따라야 하는지 쉽게 가려낼 수 있는데, 내가 따르려고 하는 준칙이 자연 법칙이 되어도 좋은지 일종의 '사고 실험'을 해보면 된다.

칸트는 자살, 거짓 약속, 자기 계발, 자선 등의 예를 통해서 준칙이 자연 법칙이 될 수 없는 경우를 보여주고 있다. 그중에서 가장 분명해 보이는 '거짓 약속'의 예를 살펴보자. 재정적인 궁핍에 빠진 사람이 돈을 빌리려고 한다. 그는 일정한 날짜 안에 반드시 돈을 갚겠다고 약속하지 않으면 돈을 빌릴 수 없다는 것을 안다. 하지만 그는 돈을 갚을 능력이 없다. 이 사람이 거짓으로 약속을 하고 돈을 빌리는 행위를 한다면, 그때의 준칙은 이런 것일 것이다. '당장 돈을 마련하기 위해서라면 돈을 갚겠다고 거짓 약속을 할 것이다.' 이 준칙을 자연 법칙으로 만들면, '모든 사람은 급하게 돈을 마련하기 위해 거짓 약속을 할 수 있다'는 것이 될 것이다. 정언적 명령법은 자기 행위의 준칙이 '동시에' 보편적인 법칙이 되도록 바랄 수 있게 그렇게 행위하라고 명령한다. 그러나 거짓 약속의 준칙이 자기의 준칙임과 동시에 자기를 포함한 세계 전체에 보편적으로 적용되는 법칙이 되기를 바란다는 것은 '모순'이다. "왜냐하면, 모든 사람이 자기가 어려운 처지에 있다고 여겨질 때 지킬 생각도 없으면서 마음 내키는 대로 약속을 할 수 있다는 것이 보편적인 법칙이 된다면 약속이라는 것도, 약속을 통해 이루려 했던 목적 자체도 불가능해질 것이다. 이렇게 되면 누구나 다 자기에게 약속된 것을 믿지 않을 것이고, 오히려 모든 약속의 표현을 헛된 구실이라고 비웃게 될 것이기 때문이다."[60]

칸트가 들고 있는 예들은, 우리의 행위가 도덕적인지의 여부를 정언적 명령법이 어떻게 확정하는지 보여주고 있다. 어떤 준칙이 정언적 명령법을 통과한다면 그 준칙에 따른 행위는 허용된다. 정언적 명령법을 통과하지 못한다면 그 행위는 금지되어, 우리는 그 반대되는 행위를 하거나 아무런 행위도 하지 말아야 한다. 그러나 이 예들은 자기의 준칙이 '보편적인 법칙'이 되기를 바랄 만한 것인지 아닌지를 결정하는 방법을 보여주고 있는 것이지, 우리가 '보편적 법칙'이 될 수 있는 준칙에 따라서만 행위해야 하는 이유를 보여주는 것은 아니다. 다시 말해 칸트는 우리가 도덕적이지 않은 행위를 하는 것은 '모순'이기 때문에 그러한 행위를 전혀 할 수 없다고 주장하는 것이 아니라, 우리가 도덕적이지 않은 행위를 지시하는 준칙을 보편적으로 적용하려고 할 때 모순이 생긴다는 말을 하고 있는 것이다. 거짓 약속을 하라는 자기의 준칙을 보편적 자연 법칙으로 바라면 모순에 빠진다고 해서 거짓 약속을 할 수 없는 것은 아니다. 따라서 왜 우리가 자기의 준칙이 보편적인 법칙이 되기를 바라야 하는지 밝혀야 하는 문제가 남는다. 칸트는 이제 이 물음에 답한다.

ㄴ. 목적으로서의 인간성

우리는 지금까지 정언적 명령법이 담고 있는 것이 무엇인지를 살펴보았지만, 이런 명령법을 따라야 한다는 것, 즉 도덕성이 실재한다는 것을 본 것은 아니다. 왜 정언적 명령법이 우리의 의지를 필연적으로 지배하는가, 즉 우리는 왜 정언적 명령법에 따라서 행위해야만 하는가, 왜 정언적 명령법이 우리의 의지를 움직이는 동인이 되어야만 하는가 하는 물음에 답할 수 없다면, 정언적 명령법의 내용이 무엇이든 그것은 우리가 행위하는 데 아무런 영향을 주지 못할 것이다. 따라서 이제는 정언적 명령법, 즉 도덕법이 필연적으로 우리 이성적인 존재들의 행위의 동인이 된다는 것을 보여주어야 한다. 그러나 이때 경험적이고 우연적인 동기들에 의지해서는 안 되는데, 앞에서도 보았듯이 도덕법이 우리의 의지를 움직인다는 것을 보여주는 것은 그것을 경험에서 확인하는 문제가 아니라 우리가 이성적이기만 하다면 도덕법에 따라서 행위해야만 한다는 것을 보여주는 문제에 속하기 때문이다.

이성적인 존재는 법칙에 대한 표상에 따라서 행위한다. 그런데 우리가 준칙이나 법칙을 만들게 되는 것은 목적 때문이다.[61] 어떤 행위를 하려고 결정할 때 우리는 언제나 어떤 목적을 갖는데, 행위가 그 자체로 목적일 수도 있고(정언적 명령법) 다른 더 장기적인 목적을 이루기 위한 수단일 수도 있다(가언적 명령법). 그런데 만약 모든 이성적인 존재가 해야만 하는 것이라고 무조건적으로 요구되는 행위라면, 모든 이성적인 존재가 필연적으로 갖고 있는 목적이 있어야 할 것이다. 그런 목적을 모든 이성적인 존재에게 적용되는 목적이라는 점에서 '객관적 목적'이라고 하고, 주관적인 목적인 '동기'

와 구별해서 '동인'이라고 한다. 그런 객관적 목적이 존재할
수 있을까?

우리의 일상적 행위의 주관적인 목적은 상대적인 가치만
을 갖는다. 그 목적을 설정한 사람이 가지고 있는 그 사람만
의 욕구가 그 목적을 가치 있게 하기 때문이다. 나아가 인간
이 추구하는 것들은 대부분 인간의 본성에 따라서, 즉 인간
의 필요나 욕구, 관심에 봉사하는 한에서 가치를 갖는다. 반
면에 인간을 포함한 모든 이성적인 존재가 갖는 '객관적인
목적'은 절대적 가치를 갖는 것이어야 할 것이다. 음악이나
기술은 그 자체로 가치가 있는 것이 아니라, 우리 인간에게
중요하기 때문에 가치 있는 것이다. 그렇다면 음악이나 기술
을 가치 있는 것으로서 추구할 때, 우리는 사실 우리 자신을
중요하게, 가치가 있게 생각하고 있는 것이다. 인간이기 때
문에 갖는 가치는 다른 모든 상대적인 가치가 그 가치를 얻
게 되는 그런 절대적인 가치이고, 그렇기 때문에 이성적인
존재로서의 인간이 갖는 '객관적인 목적'이 된다. 이런 의미
에서 인간이 인간 자신을 목적으로 삼는 것은 "인간이 행위
할 때의 주관적 원칙"이기도 하다.[62]

도덕법이 우리에게 명령하는 힘을 갖는 이유를 설명하기
위해서는 모든 이성적인 존재가 갖는 '객관적인 목적'이 필
요하고, 그 객관적인 목적이 바로 '인간, 그리고 일반적으로
이성적인 존재 모두'인 것이다. 정언적 명령법이 명령의 힘

을 갖는 것은 이성적인 존재라면 가질 수밖에 없는 객관적인 목적 때문이다. 그래서 정언적 명령법은 이렇게 표현될 수 있다. "네가 네 인격 안의 인간성뿐 아니라 다른 모든 사람의 인격 안의 인간성까지 결코 단지 수단으로만 사용하지 말고 언제나 [수단과] 동시에 목적으로도 사용하도록 그렇게 행위 하라." 이것은 행위의 목적에 대해, 다시 말해 행위의 동기에 대해 말해주고 있다. 인간이 이성적인 존재인 한 정언적 명령법에 따라서, 자기의 준칙이 보편적 법칙이 되기를 바랄 수 있게끔 그렇게 행위할 수밖에 없는 이유가 밝혀진 것이다. 인간은 인간이기 때문에, 인간을 목적으로 가질 수밖에 없다.

칸트는 앞에서 사용한 네 가지 예를 다시 취해서, 인간은 절대적 가치이기 때문에 단순히 상대적인 가치를 지닌 목적을 위해 자기 자신이나 타인을 희생해서는 안 된다는 것을 보여준다. 인간이 절대적인 가치를 갖는 것은 이성적인 존재이기 때문이다. 우리는 자신과 타인을 이성적인 존재라는 이유만으로 존경해야 한다. 누군가를 이성적인 존재이기 때문에 존경한다는 것은 자기의 인생과 행위를 스스로 결정할 권리를 존경한다는 의미이기도 하다. 그래서 남을 속이거나 남에게 무엇을 강요하는 것은 자기의 목적을 위해 타인이 스스로 결정할 권리를 빼앗는 것이며, 도덕법에 어긋난다. 예를 들어 거짓 약속을 해서 돈을 빌리는 경우에 돈을 빌려주는 사람은 돈을 갚겠다는 약속을 듣지 않았다면 빌려주지 않았을 텐데, 이때 거짓 약속으로 돈을 빌리는 사람은 돈을 빌려주는 사람의 이성을, 즉 스스로 결정할 수 있는 능력을 자기의 목적을 위한 수단으로 이용한 것이다.

거짓으로 약속한 사람의 행위가 잘못된 것은 단순히 진실을 말하지 않았기 때문이 아니라, 어떤 사람을 이용해서 자기가 원하는 결과를 얻기 위해 거짓을 말했기 때문이다. 만약 어떤 사람이 진실을 말했다 해도 그것이 자기가 원하는 결과를 얻기 위해서였다면, 그것은 자신의 목적을 위해 그 사람을 단순히 수단으로만 대한 것이고, 따라서 잘못된 행위이다. 문제는 거짓과 진실에 있는 것이 아니라, 타인의 인간성을 자신의 목적을 달성하기 위한 수단으로 이용했느냐의 여부에 있는 것이다. 우리는 진실을 말해서, 상대가 자기의 이성을 자유롭게 사용해서 스스로 결정할 수 있도록 해주어야 한다. 이것은 타인을 나와 같은 이성적인 존재로서 대우하는 것이고, 이성적인 존재로서의 타인과 함께 살아가는 것이다. 이렇듯 자기 자신과 타인을 목적 그 자체로 생각하는 사람들이 함께 살아가는 공동체를 칸트는 '목적의 나라'라고 부른다.

ㄷ. 자율성과 '목적의 나라'

앞에서 우리는 도덕성의 원칙, 즉 정언적 명령법을 두 가지 표현 양식, 즉 보편적인 법칙과 목적으로서의 인간성을 통해 살펴보았다. 첫 번째 표현 양식, 즉 그 법칙이 무엇이 되었든 법칙에 대한 표상에 따라 행위하라는 것은, 법칙의 '형식'인 보편성에 주목하여 도덕성의 원칙을 표현한 것이다. 반면에 우리가 행위할 때 따르는 그 법칙의 '내용'은, 우리 자신과 타인의 인간성이 필연적으로 갖는 절대적 가치에 의해 주어진다. 이제 법칙의 형식인 보편성과 법칙의 내용인 절대적 가치로서의 인간성 이 두 가지 생각이 결합해서, 이성적인 존재인 우리가 스스로 그 법칙을 만든다는 세 번째 생각에 이른다.

칸트에 따르면, 우리가 법칙을 따르겠다는 동기를 갖는 데는 두 가지 방식이 있다. 우선 우리는 어떤 '관심' 때문에 법칙을 따른다. 어떤 관심을 충족시키기 위해 법칙을 따르는 것이다. 법칙을 지키지 않으면 제재가 따르는 경우를 생각해볼 수 있다. 어떤 법칙을 지키지 않으면 비난받거나 추방되거나 지옥에 떨어지고, 그 법칙을 지키면 칭찬받고 보상받고 천국에 갈 수 있다고 한다면, 그 법칙을 따라야 할 동기가 충분하다. 다른 한편 우리는 우리 자신이 법칙 자체를 제정하고 승인했기 때문에, 그리고 모든 사람이 그 법칙을 따라야 하고 자기 자신도 그 법칙을 따라야 한다고 생각하기 때문에 법칙을 따른다. 칸트는 첫 번째 경우의 동기에 대해 '타율적'이라고 말하는데, 우리 밖에 있는 어떤 것 때문에 법칙을 따르기 때문이다. 우리 밖에 있는 그것은 신의 명령일 수도 있고, 국가의 강제력일 수도 있고, 인간이 갖는 본성일 수도 있다. 두 번째 경우의 동기는 '자율적'인데, 우리가 스스로 그 법칙을 따르기 때문이다.

어떤 행위가 도덕적이려면, 따라서 정언적 명령법을 따르는 것이려면 그 행위의 동기가 자율적이어야 한다. 우리가 자기 아닌 어떤 다른 것 때문에 법칙을 따른다면, 즉 타율적인 동기를 갖는다면, 그때의 명령법은 가언적 명령법이다. 감옥에 가지 않으려면, 천국에 가려면, 고통받지 않으려면 이러이러하게 행위하라고 명령하는 것은 가언적이다. 만약 정언적 명령법이 존재한다면, 따라서 도덕성이라는 것이 존재한다면, 인간은 자율적인 동기를 가질 수 있어야 할 것이다. 다시 말해 우리가 의무를 지켜야 하는 이유는 바로 우리 자신이 그 의무를 스스로에게 부여했기 때문이다.

칸트는 자신의 이론 철학에서 이성의 법칙이 우리가 세계 안에서 찾아낸 어떤 것이 아니라, 우리 인간이 세계에 부과한 것이라고 말하고, 이러한 사고 방식의 전환을 '코페르니쿠스적 전환'이라고 부른다. 칸트의 이런 사상은 실천 철학에서 '자율성'이라는 모습으로 등장한다. 칸트 이전의 도덕 철학자들은 도덕성의 원칙을, 즉 의무의 근거를 인간의 밖에서 찾으려 했기 때문에 실패할 수밖에 없었다. 의무의 근거는 인간이 갖는 자기 지배의 능력, 즉 자율성에서만 찾아질 수 있기 때문이다. 우리는 이성의 법칙을 우리의 행위에 부과하고, 행위를 함으로써 그 법칙을 세계에 부과하는 것이다.

이렇게 해서 도덕법의 세 번째 표현 양식에 이르게 된다. "의지가 자기의 준칙에 의해 스스로를 동시에 보편적으로 법칙을 주는 것으로 생각할 수 있도록 행위하라."[63] 이 원칙에 따라서 행위할 때, 우리는 스스로를 '목적의 나라'에서 법칙을 제정하는 입법자로 생각하는 것이다. 칸트는 "다양한 이성적인 존재들이 공동의 법칙을 통해 체계적으로 결합하고 있는 것을 나라"라고 한다.[64] 이런 나라는 일종의 민주공화국이어서, 시민들이 외부의 어떤 것으로부터 법칙을 부여받는 것이 아니라, 모두가 지켜야 할 공동의 법칙을 스스로 제정하고 또 그 법칙에 스스로 복종한다. 이런 나라에서는 우리 자신이 법칙을 제정하는 시민으로 생각되기 때문에 인간에게 존엄성이 주어질 수 있다. 이 존엄성이 바로 제1장 첫머리에서 이야기된, 선한 의지의 무조건적이고 제한 없는 가치인 것이다. 선한 의지가 이런 가치를 요구하는 것은 정당한데, "그것은 이성적인 존재가 보편적인 법칙을 주면서 덕 때문에 얻게 되는 몫일 뿐"이고, 보편적인 법칙을 줌으로써 "이성적인 존재는 가능한 목적의 나라의 구성원"이 될 수 있기 때문이다.[65]

이렇게 해서 제2장이 끝나지만, 아직도 도덕성이 실재한다는 것이 증명된 것은 아니다. 도덕성이 실재한다는 것을 보이기 위해서는 도덕 법칙, 즉 정언적 명령법이 우리의 의지에게 명령할 수 있는 힘을 가져야 하는데, 이것은 아직도 증명되지 않았다. 칸트가 밝히고 있듯이 어떻게 해서 정언적 명령법이 가능한지, 그리고 왜 우리가 필연적으로 그 명령법에 따라서 행위해야 하는지는 "더 이상 도덕 형이상학의 한계 안에서 해결되지 않는 과제"이다. 그러나 지금까지 우리는, 도덕 법칙이 우리에게 명령하는 힘을 가지려면 우리가 어떠해야 하는지 알게 되었다. 즉 우리는 자율적인 존재여야 하고, 스스로를 '목적의 나라'의 시민으로서 법칙을 제정한다고 생각해야 한다는 것이다. 이제 남은 문제는 우리가 실제로 '자율적인 존재'라는 것을 보여주는 것이다. 우리가 자율적인 존재라면, 우리는 필연적으로 도덕 법칙에, 정언적 명령법에 따라서 행위해야만 할 것이기 때문이다.

(4) 제3장 도덕 형이상학에서 순수 실천이성 비판으로 넘어감

칸트가 머리말에서 밝혔듯이 제1장과 제2장의 논의는 '분석적'인 것으로, 도덕적 가치에 대해 우리가 가지고 있는 일상적인 생각을 분석해서 도덕 법칙이 무엇을 말하는지 알아냈다. 도덕 법칙은 '보편적 법칙이 되기를 바랄 수 있는 그런 준칙에 따라서 행위하라'는 것이었다. 그리고 도덕 법칙에 복종할 수 있으려면 의지의 자율성을 가져야 한다는 것도 이끌어냈다. 이제 남은 일은 인간을 포함한 모든 이성적인 존재가, 도덕 법칙에 복종할 수 있는 의지의 자율성을 '실제로' 가지고 있다는 것, 그래서 도덕 법칙이 명령하는 힘을 가지고 있다는 것을 보여주는 것이다. 도덕 법칙이 모든 이성적인 존재에게 명령하는 힘을 갖고 있다는 것은 도덕 법칙의 개념에 포함되어 있는 것이 아니므로 분석적이 아니라 '종합적'이며, 또 도덕 법칙은 모든 이성적인 존재에게 적용되어야 하므로 '선험적'이다. 칸트는 이것이, 그 종합적 명제에 나타난 "두 인식[절대적으로 선한 의지와 준칙의 보편적 법칙성]이 양쪽을 다 포함하고 있는 세 번째 인식과 연결되어 서로 결합함으로써만 가능하다"고 한다.[66] 칸트는 이 세 번째 인식을 '자유'에서 찾는다.

칸트는 "자유라는 개념이 의지의 자율성을 설명하기 위한 열쇠"라고 하면서 자유의 개념을 두 가지로 나눈다. 의지는 이성적인 존재의 인과성인데, 이성적인 존재에게는 의지가 행위라는 작용을 일으키기 때문이다. 이 인과성은 바깥의 다른 원인들에 의해 결정되는 일 없이 작용할 수 있고, 그렇게 할 때에만 '자유롭다'고 칸트는 말한다. 그러므로 만약 이 의지가 자연 법칙에 의해 결정된다면 그것은 자유로운 의지가 아닐 것이다. 자유로운 사람은 자신 이외의 어떤 다른 원인에 의해서도 결정되지 않아야 한다. 예를 들어 어떤 사람이 자기 내부의 더 강한 욕구에 따라 의지를 결정한다면, 그리고 이 욕구가 심리학적인 자연 법칙에 따라서 생기는 것이라면, 그 사람의 의지는 더 강한 욕구라는 바깥의 원인에 의해 결정된 것이므로 자유로운 것이 아니다. 이때 자유의 개념은 자기 외에는 다른 어떤 것에 의해서도 결정되지 않는다는 것이고, 따라서 소극적인 의미이다.

자유에는 적극적인 개념도 있다. 의지는 인과성이고, 인과성이란 법칙에 따라 발생한다는 의미이다. 그래서 자연의 인과성이란 자연 안에서 일어나는 모든 사건이 자연 법칙을 따른다는 것이다. 마찬가지로 자유도 "비록 의지가 자연 법칙을 따를 때의 속성은 아니지만, 그렇다고 해서 전혀 법칙이 없는 것은 아니며 오히려 특별한 종류이긴 하지만 불변하는 법칙에 따른 인과성이어야만 한다." 자유로운 의지는 자기 자신의 법칙이나 원칙을 가져야 하고, 이것은 자기 아닌 다른 것에서 올 수 없으므로 자기가 자기 자신에게 준 것이어야 한다. '스스로에게 법칙을 주는', 다시 말해 '자율적'인 의지여야 하는 것이다. 자유롭다는 것은 법칙을 따르지 않는다는 것이 아니라 스스로 만든 법칙에 스스로 복종한다는 것, 즉 자율성을 의미한다. 도덕 법칙은 바로 이 자율적인 의지의 법칙이다. "그러므로 자유로운 의지는 도덕 법칙 아래에 있는 의지와 동일하다."[67]

이렇게 해서 자유와 도덕성은 '분석적'으로 연결된다. 즉 자유의 개념 안에 스스로 도덕 법칙을 만들고 복종한다는 개념이 이미 포함되어 있는 것이다. 자유로운 의지란 도덕 법칙에 복종하는 의지이고, 우리가 자유로운 의지를 갖고 있다면 우리는 도덕 법칙에 복종하는 것이다. 그렇지만 우리가 과연 자유로운 의지를 갖고 있는가? 칸트는, 우리가 이성적이라면 필연적으로 "자유라는 이념 아래에서"[68] 행위할 수밖에 없다고 말한다. 우리가 이성의 판단에 따라 어떤 행위를 한다고 생각할 때, 지금 결정한 것과 전혀 다른 결정을 할 수 있었다고 생각해야만 한다. 이성이 자기 아닌 다른 것의 강요에 의해 결정했고, 그래서 다른 결정을 할 수 없었다고 한다면, 그 행위는 이성의 판단이 아니다. 만약 이성의 판단이 욕구의 영향을 받아서 이루어졌다면, 이미 그 판단은 오직 이성 자신에 의해서 결정된 것이 아니고, 욕구를 만족시키기 위해, 다시 말해 욕구의 충동에 의해 결정된 것이기 때문이다. 그렇다면 이성이 판단해서 결정하기 위해서는 자유가 전제되지 않으면 안 된다. "다시 말해 이성적인 존재의 의지는 오직 자유의 이념 아래에서만 자기 자신의 의지일 수 있으므로, 실천적인 관점에서 모든 이성적인 존재에게 주어져야 한다."[69]

이렇게 해서 자유와 이성적인 존재가 분석적으로 연결된다. 즉 이성적인 존재라는 개념 안에 자유라는 개념이 포함되는 것이다. 한편으로는 자유와 도덕성이 연결되고, 다른 한편으로는 자유와 이성적인 존재가 연결됨으로써, 칸트가 제기했던 과제, 즉 도덕성과 이성적인 존재를 연결하는 과제, 다시 말해 무조건적으로 선한 의지와 준칙의 보편 타당성을 연결하는 종합적 명제의 가능성을 밝히는 과제가 달성된 것이다. 그것은 도덕성과 이성적인 존재라는 개념이 그 두 개념을 다 포함하고 있는 '자유'라는 세 번째 개념과 결합되어 있음을 보여주는 것으로써 달성되었다. 자유의 이념을 전제함으로써 이성적인 존재가 따라야 할 행위의 법칙이 알려진다. "그 법칙은 행위의 주관적 근본 법칙들, 즉 준칙들은 그것들이 또한 객관적으로, 즉 근본 법칙으로서 보편적으로 적용되도록 채택되어야 하고, 따라서 [준칙들은] 우리가 자신에게 보편적으로 법칙을 주는 데 쓰일 수 있어야 한다는 것이다."[70] 이것이 바로 도덕성의 원칙이고, 도덕 법칙이고, 정언적 명령법이다. 자유의 이념을 전제하면 도덕성의 가능성이 밝혀지는 것이다.

　그러나 칸트는 새로운 문제를 제기한다. 이성적인 존재인 우리는, 아니 모든 이성적인 존재는 왜 이 원칙을 따라야 하는가? 이성적인 존재는 자유롭기 때문에 '도덕성의 원칙'을, '정언적 명령법'을 따를 수 있지만, 또한 자유롭기 때문에 따르지 않을 수도 있지 않은가? 우리가 도덕성의 밖에 있는 '관심', 즉 도덕성이 가져다줄 어떤 다른 것 때문에 도덕성의 원칙을 지킨다면 그것은 가언적 명령법이지 도덕적 명령법이 아니기 때문이다. 도덕성의 원칙에 따라서 행위하려고 한다면 도덕성의 원칙에 복종하려는 "관심을 필연적으로 가져야" 한다. 이제 칸트는 이런 '도덕적인 관심'이 어떻게 해서 가능한지를 살펴보려고 한다. 도덕성의 원칙에 복종하려면 그것에 '관심'이 있어야 한다는 것은, 도덕성의 원칙이 우리에게 행복을 포기하라고 명령할 때 뚜렷하게 드러난다. 나는 나를 행복하게 해줄 수 있는 어떤 것을 간절하게 원하지만, 이성적인 판단에 의해 그것이 잘못된 일이라는 것을 알고, 하지 않아야 한다고 판단한다. 이때 내가 그 잘못된 일을 하지 않는다면, 나는 '나의 준칙이 보편적 법칙으로도 바랄 수 있는 것이어야 한다'는 도덕성의 원칙에 따라 행위한 것이다. 내가 간절히 원하는 것을 하지 않고 그 도덕성의 원칙을 따르기 위해서는, 도덕성의 원칙 자체가 행복에 대한 나의 관심을 "아무것도 아닌 것"으로 만들 정도로 강력한 관심을 불러일으켜야 한다. 이제 우리는 "행위할 때, 자유롭다고 생각해야 하면서도 또한 우리가 어떤 법칙[도덕 법칙]에 복종되어 있다고 간주해야 한다는 사실"이 어떻게 가능한지를, 다시 말해 "도덕 법칙이 어떻게 구속력을 얻는지"를 밝혀야 하는 것이다.[71]

만약 우리가, 도덕 법칙이 가능하기 위해서는 의지의 자유가 있어야 하고, 의지의 자유라는 것은 스스로에게 준 법칙에 스스로 복종하는 것이고, 그러므로 자유로운 의지를 가진 이성적인 존재는 도덕 법칙에 복종해야 한다고 주장한다면 악순환에 빠지게 된다. 도덕 법칙이 가능하려면 의지의 자유가 있어야 하고, 의지의 자유가 있기 때문에 도덕 법칙이 가능하다는 악순환인 것이다. 이것은 도덕 법칙이 가능해야만 한다는 것을 전제하고 있어, 이미 '선결 문제 요구의 오류'를 범하는 것이다.

칸트는 이런 오류를 벗어나기 위해 새로운 제안을 한다. 즉, 세계에 대해 두 가지 관점을 가져야 한다는 것이다. 한편으로는 우리에게 나타나는 대로의 사물들로 구성된 세계, 즉 우리가 감관으로 경험할 수 있고 개념을 통해 인식할 수 있는 세계, 자연의 필연성이 지배하는 세계가 있다. 칸트는 이러한 세계를 감각할 수 있는 세계, 즉 '감성계'라고 부른다. 다른 한편으로는 우리에게 나타나는 사물들이 아니라 그렇게 나타날 수 있게 해주는 '사물 자체'들의 세계, 우리가 경험이나 개념을 통해서 파악할 수 없는 세계, 자유의 법칙이 지배하는 세계가 있다. 칸트는 이러한 세계를 지성적인 존재들의 세계, 즉 '지성계'라고 부른다. 우리 자신을 감성계에 속하는 것으로 생각할 때는, 우리에게 속한 모든 것이, 심지어 마음속에서 일어나는 여러 생각과 판단과 선택조차 자연 법칙에 따라 필연적으로 일어나는 것이라고 생각해야 한다. 반면 우리 자신을 지성계에 속하는 것으로 생각할 때는, 우리가 이성적인 존재로서—어떤 원인의 작용에 의해서가 아니라—스스로 자기의 생각과 판단과 선택의 원인이 되었다고 생각해야 한다. 우리 자신이 마음속의 지성의 작용을 일으킨 궁극적인 창시자로 생각되어야 한다. 우리 자신을 지성계에 속한다고 봐야 하기 때문에, 우리는 스스로가 자유롭고, 따라서 자율적이라고 생각해야 한다. 이로써 우리의 의지가 자유롭다는 것이 도덕성을 가능하게 하기 위해서 미리 전제되어 있는 것이 아니라, 우리가 감성계뿐 아니라 지성계에도 속한다는 데 근거한 것이라는 것이 밝혀졌다. 우리가 도덕성과 자유가 존재 근거를 서로서로에게 의지하고 있는 '악순환'에 빠진 것이 아닐까 하는 의심이 완전히 제거되는 것이다.

　이제 칸트는 "정언적 명령법은 어떻게 해서 가능한가?"라는 물음으로 돌아온다. 다시 말하면 정언적 명령법이 어떻게 해서 이성적인 존재에게 명령하는 힘을 가지는가 하는 것이다. 우리는 우리 자신이 감성계와 지성계에 동시에 속한다고 간주해야 한다. 우리가 감성계에 속하는 한, 우리의 선택이나 행위는 다른 모든 것들과 마찬가지로 자연 법칙의 지배를 받는다. 그러나 지성계에 속하는 한, 우리는 자유롭고 우리의 의지는 도덕 법칙에 복종한다. "그러나 지성계가 감성계의 근거, 따라서 감성계의 법칙의 근거를 포함"[72]하기 때문에, 지성계에 속하는 존재인 우리가 감성계에 속하는 존재인 우리에게 법칙을 줄 수 있다고 생각해야 한다. 그래서 감성계에 속하는 우리는, 지성계에 속하는 우리가 준 법칙을 명령법으로 생각하고, 이 명령법에 맞게 행위하는 것을 의무로 생각해야 한다. 우리가 감성계에만 속하거나 지성계에만 속한다면 '정언적 명령법'은 가능하지 않을 것이다. 감성계에만 속한다면 우리는 자연 법칙만 따를 것이고, 지성계에만 속한다면 우리는 필연적으로 도덕 법칙을 지킬테니 명령법도 없고, 따라서 의무도 없을 것이기 때문이다. 정언적 명령법은 우리가 두 가지 세계에 동시에 속하기 때문에 가능한 것이다.

마지막으로 칸트는 "모든 실천 철학의 한계에 대하여"고 찰한다. 도덕 법칙이 가능하기 위해서 우리는 우리 자신을 두 가지 관점에서 보아야 했다. 지성계의 구성원인 우리는 자유롭지만, 감성계에 속하는 우리의 행위는 자연 법칙에 의해 필연적으로 결정되어 있다. 물론 이런 '자연 필연성' 자체는 경험 개념이 아니지만, 최소한 경험에 의해 확증될 수 있고, 경험이 가능하기 위해서, 다시 말해 무엇인가에 대해 '알기 위해서' 전제되어야 하는 개념이다. 이런 개념은 "자기의 실재성을 경험의 실례로 증명하고 또 필연적으로 증명해야만" 한다. 반면에 자유는 이성의 이념일 뿐이어서, 실제로 있는지조차 의심스럽다. 자연 필연성과 자유는 양립할 수 없을 것 같고, 이론적인 목적을 위해서는 인식을 통해서 확증될 수 있는 자연 필연성만을 옳다고 보아야 할 것이다. 그러나 우리가 실천하는 데에서 이성을 사용하기 위해서는 자유가 있어야 한다. 자연 필연성과 자유가 양립할 수 있고 필연적으로 양립해야 한다는 것은 결코 모순이 아니다. "왜냐하면 현상하고 있는 사물(이것은 감성계에 속한다)은 어떤 법칙[자연 법칙]에 복종하지만, 바로 그 동일한 것이 사물 그 자체 또는 존재 그 자체일 때는 그 법칙에서 독립해 있다는 것이 전혀 모순되지 않기 때문이다."73 우리가 스스로를 현상하는 사물로, 즉 감성계에 속하는 것으로 생각할 때 우리는 자연 법칙에 복종하며, 따라서 우리의 선택과 행위는 결정되어 있다. 하지만 우리가 자신을 '사물 그 자체'로, 즉 지성계에 속하는 것으로 생각할 때는 그러한 자연 법칙에서 독립해 있다.

이렇게 해서 자유와 자연 필연성은 모순 없이 양립할 수 있게 되었지만, 그렇다고 해서 자유가 어떻게 해서 가능한지를 설명할 수 있다는 의미는 아니다. 우리가 무엇을 설명한다는 것은 경험할 수 있는 자연 법칙으로 그것을 환원한다는 것인데, 자유는 단지 이념일 뿐이기 때문에 경험될 수 없고, 따라서 자유라는 이념은 결코 설명될 수도 개념으로 파악될 수도 없다. 마찬가지 이유로 도덕 법칙에 관한 '관심'도 설명될 수 없다. 그렇지만 도덕적 관심의 대상이 무엇인지에 대해서는 말할 수 있다. 우리가 속해 있는 지성계라는 이념은 우리의 앎이 끝나는 지점이지만, 그래도 이성은 그 이념을 믿을 수 있다. 이성이 그것을 믿는 것은 "목적들 그 자체의 보편적인 나라"라는 훌륭한 이상이 우리에게서 생생한 관심을 불러 일으키도록 하기 위해서이다. 우리 자신도, "자유의 준칙에 따라 마치 그 준칙이 자연의 법칙인 것처럼 신중하게 행동한다면" 그 목적들의 보편적인 나라의 구성원이 될 수 있다는 사실 때문에, 도덕성에 다른 모든 것을 능가하는 가치를 주고 '관심'을 갖는다.

4. 칸트의 도덕 철학이 갖는 현대적 의미

칸트의 《도덕 형이상학을 위한 기초 놓기》는 칸트 이전의 어떠한 도덕 철학에서도 찾아볼 수 없었던 독창적인 사유 방식을 보여주고 있다. 칸트 이전의 모든 도덕 철학은 행위의 정당성을 궁극적으로 행위가 달성하려고 하는 목적에서 찾았다는 점에서, 그 목적이 단기적인 것이든 장기적인 것이든 쾌락이든 행복이든 구원이든 사회적 유용성이든 상관없이 모두 '목적론적'이었다고 할 수 있다. 행위를 통해서 이루어 질 어떤 것을 목적으로 하는 모든 행위는 그 목적에 따라 가치가 결정되며, 그렇기 때문에 도덕성이 갖추어야 할 절대적 가치를 갖지 못하며, 그 목적이 달성되었는지에 따라 상대적 가치만을 갖는다. 절대적 가치는 어떤 목적도 염두에 두지 않고 오로지 선하게 행위하겠다는 마음의 태도에서만, 즉 선한 의지에서만 찾을 수 있다. 행위를 통해 달성하려는 목적을 전혀 설정하지 않는 '의지', 그것은 결국 그 무엇도 의도하지 않는 의지일 것이고, 따라서 모든 의지에 보편적으로 적용될 수 있는 형식적인 틀만을 남길 것이다. 칸트의 도덕 철학은 이런 점에서 형식주의이다. 그리고 도덕성을 오로지 모든 의지에 적용되어야 한다는 '보편성이라는 형식'에 기초지었다는 바로 이 점이 칸트의 도덕 철학이 갖는 독창성이다.

칸트의 도덕 철학이 갖는 이런 형식주의는 당시에 이미 많은 비판의 대상이 되었으며, 20세기에 들어와서도 칸트의 도덕 철학이 갖는 맹점으로 부각되었다. 사르트르Jean-Paul Sartre는 《실존주의는 휴머니즘이다 L'Existentialisme est un human-isme》에서 나치의 저항 운동에 참여할지 홀어머니를 부양해야 할지 고민하는 청년의 예를 들면서 형식적인 도덕 철학이 얼마나 무력한지를 보여주고 있다. 칸트의 형식주의를 비판하는 사람들은, 행위의 도덕성을 그 행위가 이루려고 하는 목적—궁극적으로는 행복일 것이다—에서 완전히 분리해내는 것은 도덕성을 하나의 '환상'으로 만드는 것이라고 말한다.

그러나 칸트가 개별적 행위 주체가 따르는 주관적인 '준칙'과 모든 행위 주체가 따르는 보편적이고 객관적인 '법칙'을 구분하고, 이러한 보편적인 법칙이 되기에 합당한 준칙에 따라서만 행위하라는 것이 도덕 법칙이 말하는 전부라고 했을 때, 의도할 내용이 아무것도 없는 그 형식적인 원칙 안에 이미 목적 그 자체로서의 '인간성'을 전제하고 있다는 점을 잊지 말아야 한다. 만약 칸트의 형식주의가 단지 형식적이기만 하다면, 예를 들어 인종 차별주의자들은 자신의 인종 차별 행위를 충분히 정당화할 수 있게 된다. 즉 '흑인을 차별하라'라는 준칙을 따르는 백인은 그 준칙이 보편적 법칙이 되어도 좋다고 생각할 수 있다. 그 백인이 만약 자신이 흑인이라도 그 법칙을 받아들일 것이라고 생각한다면 그의 인종 차별 행위는 도덕적인 것이 될 것이다. 명백히 비도덕적인 인종 차별이 이렇게 도덕적인 의무처럼 보일 수 있는 것은 칸트의 도덕 철학에서 보편적 법칙성이라는 형식만을 볼 뿐 그것에 제시된 내용을 고려하지 않고 있기 때문이다. 칸트는 《도덕 형이상학을 위한 기초 놓기》에서 모든 준칙이 갖는 형식뿐 아니라 내용에 대해서도 말하고 있다. 그 내용이란 개별적인 행위 주체가 임의로 침해할 수 없는, 단순히 수단으로서만 생각될 수 없는, 목적 그 자체로서의 '인간'이다. 흑인을 차별하는 인종 차별주의자는 목적 그 자체인 인간을 단지 수단으로만 이용하기 때문에 도덕적일 수 없다. 이렇게 목적 그 자체인 인간들이 도덕 법칙의 형식에 따라 모여 사는 공동체가 '목적의 나라'이다. 그리고 이런 '목적의 나라'에 들어가서 도덕적인 주체로서 살고 싶다는 바람이야말로, 인간이 모든 감성적 욕구와 충동을 물리치고 도덕적 의무를 지킬 수 있는 원동력인 것이다. 따라서 칸트의 도덕 철학을 단순히 형식주의로 치부하는 것은, 그가 결코 도덕성을 인간의 머리에서 만들어진 가공물로 보지 않았으며, 우리가 일상 생활에서 경험하는 생생한 도덕 의식에 도덕성을 기초지었다는 점을 잊는 것이다.

이런 오해와 더불어 2차 세계대전이 끝날 때까지 칸트의 도덕 철학은 그의 이론 철학과는 달리 독일 땅을 벗어나지 못하고 있었다. 하지만 지금은 인간의 자유가 모든 실천을 가능하게 하는 근거라고 생각하는 모든 자유주의 철학자들에게 칸트의 도덕 철학의 핵심 사상이 스며들어 있다. 그들 스스로 칸트의 영향을 부정하지 않는다. 미국의 철학자 존 롤스John Rawls가 이런 경향을 가장 잘 보여주고 있고, 롤스에 대항하는 미국의 철학자 로버트 노직Robert Nozick, 위르겐 하버마스Jürgen Habermas도 그들 사이의 입장 차이에도 불구하고 자유와 자유를 바탕으로 한 권리와 의무라는 것을 통해 칸트에 닿아 있다.

한동안 주목받지 못했던 칸트의 도덕 철학이 새롭게 관심을 끄는 이유는 20세기 들어 인류가 겪었던 경험과 무관하지 않다. 20세기 초반에 유럽을 휩쓴 전체주의의 광풍이 저지른 악들은 보편적 이성과 보편적 자유에 근거하지 않은 법과 권력이 얼마나 인간성 자체에 위협이 될 수 있는지 보여주었다. 많은 철학이 전체주의자들에 의해서 이용되었지만, 인간성에 절대적 가치를 부여하고 그 가치의 본질을 이성적 사유와 자유에서 찾는 칸트의 실천 철학은 그런 전체주의 사상에 결코 섣불리 이용될 수 있는 철학이 아니다.

이러한 유럽의 상황과 함께, 공리주의가 큰 영향력을 행사하고 있던 영국과 미국에서 공리주의에 대한 반성이 일어났다는 점도 칸트의 철학에 관심을 갖게 한 이유가 되었다. 구체적 정책 결정을 통해 문제 해결 능력을 보여주었던 공리주의는 사회의 이익 집단이 다양해짐에 따라 과연 무엇이 전체의 이익인지를 결정하는 데 어려움을 겪게 되었다. 또한 공리주의의 도덕 체계 안에서는 사회 전체의 행복을 위해 개인의 자유와 권리가 무시되고 탄압될 수 있어서 정의의 원칙에 어긋난다는 반성이 이루어졌다. 이런 반성은 최소한 공리주의를 새롭게 보완해야 할 필요성을 낳았고, 칸트의 도덕 철학이 그 가능성을 보여주었던 것이다.

칸트의 도덕 철학이 새롭게 관심을 끌게 된 또 하나의 이유가 있다. 칸트의 도덕 철학이 도달하게 되는 이성적인 존재들의 공동체, 즉 그의 표현대로 '목적의 나라'가 바로 평등한 민주주의 국가라는 점이 자유와 평등이라는 민주주의의 가치가 지배하는 현대 사회에서 설득력을 가졌던 것이다. 칸트의 도덕 철학에 따르면 인간은 누구나 선한 의지를 가진 도덕적 존재가 될 수 있다. '목적의 나라'의 시민이 되는 데는 타고난 재능이나 부, 계급이 필요 없다. 19세기 말, 20세기 초의 많은 정치 체제 실험은 모든 구성원이 평등하게 자유를 누리는 민주주의야말로 인간 사회가 달성할 수 있는 최선의 정치 형태라는 것을 보여주었다. 칸트의 도덕 철학은 자유와 평등, 그리고 자유롭고 평등한 시민들 사이에서 합의된 법칙이 지배하는 자유주의적 민주주의의 기초를 제공해주고 있다.

지난 세기의 모든 죄악이 보편적이고 절대적인 인간 이성의 추구에서 비롯되었다며 이성을 단죄하고, 이제는 이성의 '인도'마저 거부하려 하는 '포스트모더니즘'이라는 사상적 흐름이 커다란 물줄기를 이루고 있는 이때, 다른 한편으로 인간의 이성에서 보편적인 도덕 법칙을 이끌어낸 칸트의 사상이 새롭게 주목받고 있으니 놀라운 일이다. 하지만 모든 변화하는 것들 가운데서 변화하지 않는 것을 찾으려는 노력을 포기할 수 없는 한, 인간은 그것이 무엇이든, 모든 인간에게 타당한 법칙을 찾아나서지 않을 수 없다. 그것은 진화의 법칙일 수도, 쾌락의 법칙일 수도, 본성에 심어진 자연법일 수도 있다. 칸트는 그것을 인간 이성의 보편성에서 찾았고, 목적 그 자체로서의 인간성에서 찾았다. 칸트의 사상을 부정하든 긍정하든, 모든 인간에게 타당한 그 무엇을 찾는 사람이라면 그의 사상을 지나칠 수는 없다. 그래서 칸트 연구자로저 설리번Roger J. Sullivan은 이렇게 말한다. "칸트 이후 철학자들은 그에게 찬성하거나 반대하거나 둘 중 하나였다. 하지만 어느 쪽이든 칸트를 논하지 않고는 더 이상 철학을 할 수 없게 되었다."

1 (옮긴이주) 일반überhaupt은 '~라고 할 수 있는 것이라면 무엇이나 통틀어'라는 의미이다. 따라서 '사유 일반의 보편적 규칙'이라는 말은 '사유'라고 할 수 있는 것이라면 무엇에나 적용되는 보편적 규칙이라는 뜻이다.

2 (옮긴이주) 선험적a priori이라는 말은 후험적a posteriori이라는 말과 짝을 이루는 용어로서, 칸트 철학에서 아주 중요한 역할을 한다. 이 용어에 대한 우리말 번역어로는 흔히 선천적, 후천적이라는 말이 사용되어 왔으나, 선천적이라는 말에 들어 있는 '태어나면서부터 가지는'이라는 의미 때문에 칸트가 사용하는 아 프리오리a priori의 뜻을 오해할 수 있다는 비판이 있어왔다. 칸트는 아 프리오리를 '모든 경험에서 완전히 독립해서', '대상에 대한 모든 지각에 앞서'라는 의미로 사용하고, 반면에 아 포스테리오리a posteriori는 '경험에 근거한', '경험에서 얻어진'이라는 의미로 사용한다. 따라서 아 프리오리는 '경험에 앞서서'라는 의미를, 아 포스테리오리는 '경험보다 나중에'라는 의미를 갖는다. 칸트가 사용한 의미에 유의해서, 이 책에서는 아 프리오리를 문맥에 따라 '선험적', '선험적인', '선험적으로'라고 옮기고, 아 포스테리오리를 '후험적', '후험적인', '후험적으로'라고 옮긴다. 이와 관련해서 칸트는 '경험에 앞서서', '경험과 독립해서'

얻는 우리의 인식을, 즉 선험적 인식을 '순수하다'고 부르고, 반면에 '경험에 근거해서' 얻어지는 인식을, 즉 후험적 인식을 '경험적'이라고 부른다.

3 (옮긴이주) 독일어 Verstand는 흔히 '오성'으로 번역되어 왔으나, 오성에 담겨 있는 '깨닫는다'라는 의미는 원어의 의미를 벗어나 있다. 칸트 철학에서 Verstand가 감성을 통해서 경험된 재료들을 규칙에 따라 정리, 통일하는 사고 능력이라는 점을 생각해볼 때, '이해력'이나 '지성'으로 옮길 수 있다. 이런 맥락에서 칸트 저술의 새로운 번역서들이 Verstand를 '지성'으로 옮기고 있으며, 이 책에서도 역시 지성으로 옮긴다.

4 (옮긴이주) 칸트는 Moral과 Sitten을 의미 구별 없이 사용한다. 따라서 이 책에서는 둘 다 '도덕'으로 옮긴다. 이와 관련해서 moralisch, sittlich는 '도덕적'으로, Moralität, Sittlichkeit는 '도덕성'으로 옮긴다.

5 (옮긴이주) '경향성Neigung'은 의무와 대립되는 개념으로서, 칸트의 도덕 철학에서 핵심적인 개념이다. 경향성이란 욕구능력이 감각에 의존하고 있는 상태이다. 배가 고플 때, 먹고 싶어 하는 것은 하나의 경향성이다. 이와 달리 남의 음식을 훔치면 안 된다는 것은 '의무'이며, 먹고 싶다는 경향성에 반대된다. 이때 자신의 경향성을 누르고, 의무를 따라서 행위한다는 데에 도덕성이 있는 것이다. 그러므로 경향성을 좇아서 한 행위는 도덕적인 행위가 될 수 없다.

6 (옮긴이주) 칸트는 Grundsatz와 Prinzip를 '원칙'이라는 의미로 구별 없이 사용한다. 이 책에서는 일관되게 Grundsatz는 '근본 법칙'으로 Prinzip는 '원칙'으로 옮긴다.

7 (옮긴이주) 볼프Christian Wolff(1679~1754)는 독일 계몽주의 시기의 철학자이다. 라이프니츠와 함께 독일의 합리주의를 대표한다. 볼프는 학문의 모든 영역, 즉 논리학, 형이상학, 윤리학, 물리학, 생리학

등에 걸쳐 이성 중심의 사상을 독일어로 전개했다. 18세기 독일의 강단철학을 대표하던 볼프의 사상은 칸트의 스승이었던 크누첸M. Knutzen을 통해 칸트에게 전해진다.

8 (옮긴이주) 독일어 Wollen은 '하려고 한다'로, Sollen은 '해야만 한다'로 옮긴다. 이 둘은 모두 동사를 그대로 명사화한 것으로, 우리말에서도 동사의 의미를 최대한 살리는 쪽으로 옮긴다.

9 (저자주) 준칙Maxime은 '하려고 한다'의 주관적인 원칙이다. 객관적인 원칙(즉 이성이 욕구 능력을 온전히 강제할 수 있다면 모든 이성적 존재에 대해 주관적으로도 실천적 원칙이 될 수 있었을 원칙)은 실천적 법칙이다.

10 (저자주) 사람들은 내가 이성적 개념을 사용해 문제를 명확하게 해결하는 대신, 존경심이라는 단어를 앞세워 막연한 느낌 속으로 도망가려 한다고 비난할 수도 있다. 그렇지만 존경심이 하나의 느낌이기는 하지만, 그것은 [외부의] 영향에 의해 받아들여진 느낌이 아니라 이성 개념Vernunftbegriff 자신이 일으킨 느낌이므로, 경향성이나 공포심으로 돌려질 전자의 모든 종류의 느낌들과 확연히 구별된다. 내가 나에 대한 법칙으로 직접 인식하는 모든 것을 존경심을 갖고 인식하는데, 존경심이란 단지 내 감각에 미치는 다른 영향들을 거치지 않고도 나의 의지가 어떤 법칙 아래 종속되어 있다고 의식하는 것을 의미할 뿐이다. 법칙을 통해 의지를 직접적으로 결정하는 것과 그것을 의식하는 것이 존경심이고, 따라서 존경심은 주체에게 법칙이 일으킨 작용으로 생각되며 법칙의 원인으로 생각되지 않는다. 원래 존경심이란 나의 자기애를 단념하게 하는 가치를 표상하는 것[마음에 떠올리는 것]이다. 따라서 경향성이나 공포심의 대상으로 여겨지지 않는 어떤 것이며, 그럼에도 불구하고 그 둘과 유비적인 어떤 것을 갖고 있다. 존경심의 대상은 법칙뿐이며, 더욱이 우리가 스스로에게,

그것도 그 자체로 필연적인 것으로 부과한 법칙뿐이다. 법칙이기 때문에 우리는 자기애에게 물어볼 것 없이 그것에 복종한다. 그렇지만 우리 자신에 의해 우리에게 부과되었으므로 그것은 여전히 우리 의지에서 나온 것eine Folge이다. 전자의 관점[자기애와 상관없이 복종해야 한다는]에서는 공포심과, 후자의 관점[우리 의지에서 나온 것이라는]에서는 경향성과 유비된다. 어떤 한 인격에 대한 존경심은 모두 원래 (공정함 등의) 법칙에 대한 존경심일 뿐이고, 그 인격은 우리에게 실제의 예를 제공하는 것이다. 우리의 재능을 넓히는 것도 의무로 생각하기 때문에 우리는 재능 있는 인격 앞에서, 말하자면 ('연습을 통해 이런 점에서 그와 닮으라'고 하는)[2판 추가] 법칙의 한 실례를 표상하며, 그것이 우리의 존경심을 이룬다. 모든 도덕적인 관심이라는 것은 다만 법칙에 대한 존경심을 본질로 한다.

11 (옮긴이주) 독일어 Gesetzgebung은 '법칙주기', Gesetzgeber는 '법칙을 주는 자'로 옮긴다. 어떤 경우에는 기존의 번역인 '입법'이나 '입법자'가 더 적절해 보이기도 하지만, 일관성을 위해 '법칙주기'와 '법칙을 주는 자'로 통일한다. '보편적 법칙주기'의 경우와 같이 '보편적'이라는 수식어가 붙는 경우, '보편적인 법칙'을 주는 것인지, 법칙을 '보편적으로 주는' 것인지 분명하지 않을 때에는 다른 번역서들을 참고하여 문맥에 따라 옮겼다.

12 (옮긴이주) 마음의 태도Gesinnung는 어떤 준칙을 선택할지에 대한 궁극적인 주관적 근거이다. 어떠한 준칙에 따라서 행위하는지가 도덕성을 결정하는 것이기 때문에, 결국 도덕성은 마음의 태도에 달려 있다. 이 마음의 태도는 타고나는 것이 아니며, 자유롭게 선택하는 것이다. 하지만 그 선택의 근거가 무엇인지는 더 이상 밝혀낼 수 없다.

13 (저자주) 사람들은 원한다면, (순수 수학과 응용 수학, 순수 논리학과

응용 논리학을 구별하는 것처럼) 순수한 도덕 철학(형이상학)과 응용된(즉 인간의 본성에 응용된) 도덕 철학을 구별할 수 있다. 이러한 명칭에서 바로 떠오르듯이, 도덕적인 원칙들은 인간 본성의 고유한 성질에 근거하는 것이 아니라, 스스로 선험적으로 존속하고 있어야만 한다. 그래서 그러한 도덕성의 원칙들에서 인간의 본성을 포함한 모든 이성적인 본성에 적용되는 실천적 규칙들이 도출될 수 있어야 하는 것이다.

14 (옮긴이주) 인간의 경험적인 본성에서 도덕성의 원리를 찾을 수 있는지 확인해보고, 만약 찾을 수 없다면, 먼저 경험에서 벗어난 순수한 도덕 형이상학을 완성하려고 시도해보아야 한다. 그런데 그렇게 하지도 않고 먼저 대중의 입맛에 맞추어 도덕성을 시도해보는 통속적 도덕에 대한 비판이다.

15 (옮긴이주) '알려지지 않은' 성질은 스콜라 철학에서 사용하던 qualitas occulta를 옮긴 말로, 사물에서 이미 알려진 것과는 아무런 상관이 없기 때문에 설명할 수 없는 성질을 의미한다. 칸트는 이것을 감성을 넘어서 있는 초자연학에 대해, 감성 아래에 있는 어떤 것으로 보았다.

16 (저자주) 나는 작고한 훌륭하신 줄처J. G. Sulzer* 씨에게 편지를 받았는데, 그는 덕에 관한 가르침들이 이성을 매우 잘 설득하고 있음에도 이루어낸 것이 거의 없는 이유가 무엇인지 묻고 있다. 완벽한 답변을 준비하느라고 늦어졌다. 그렇지만 대답은 교사들조차 자기의 개념들을 순수하게 만들지 못했다는 것이다. 그래서 그들도 아주 잘해보려고, 도덕적으로 선하게 행동하는 원인을 모든 곳에서 찾으려고 했기 때문에, 약을 아주 강력하게 만들려다가 못쓰게 만들어버린 셈이다. 왜냐하면 일상적으로 알고 있듯이, 사람들이 올바른 행위를 마음에 떠올려본다면, 이 세상의 것이든 저 세상의 것이든 어떤 이

익을 노리는 마음을 떠나 곤궁과 유혹의 꾐에서조차 굳건한 마음으로 올바른 행위를 하는 것을 떠올려본다면, 그 행위는 최소한 바깥의 동기로 촉발된 모든 유사한 행위를 훨씬 능가해 그것을 무색하게 하고, 영혼을 고양시켜 자기도 그렇게 행위할 수 있었으면 하는 소망을 일으킬 것이기 때문이다. 적당하게 나이 든 아이들조차 이런 감명을 받는데, 이것 외에 달리 의무를 마음에 떠올리게 할 것이 없다.

* (옮긴이주) 줄처(1720~1779)는 볼프 학파의 철학자이다. 그는 흄 David Hume의 《인간 지성에 관한 탐구*An Enquiry Concerning Human Understanding*》를 독일어로 번역하기도 했다.

17 (옮긴이주) 객관적 법칙이란 이성적인 존재가 따를 수밖에 없는 이성에 근거해서 그 의지를 결정하게 하는 것이지만, 인간의 의지는 경험적 동기의 영향을 받기 때문에 객관적 법칙을 반드시 따르는 것은 아니며 스스로를 강제해야 한다.

18 (저자주) 욕구 능력이 감각에 의존하는 것을 경향성이라 부르고, 따라서 이것은 항상 필요를 보여준다. 그리고 우연히 결정될 수 있는 의지가 이성의 원칙에 의존하는 것을 관심이라 부른다. 따라서 관심은 의존하는 의지에서만, 항상 스스로 이성을 따르지는 않는 의지에서만 일어난다. [그래서] 신의 의지에게는 관심을 생각할 수 없다. 그렇다고 해도 인간의 의지도 관심 때문에 행위하지는 않으면서도, 어떤 것에 관심을 가질 수는 있다. 후자는 행위에 대한 실천적 관심을, 전자는 행위의 대상에 대한 감수적感受的, pathologisch 관심을 의미한다. 실천적 관심은 그저 의지가 이성 그 자체의 원칙에 의존함을 보여주고, 감수적 관심은 의지가 경향성을 위한 이성의 원칙에 의존함을 보여준다. 즉 이때는[의지가 경향성을 위한 이성의 원칙에 의존할 때는] 이성이 그저 경향성의 필요를 채워줄 실천적 규

칙만을 제공하는 것이다. 전자의 경우[실천적인 경우] 행위가 관심을 끌지만, 후자의 경우[감수적인 경우] 행위의 대상이 (나에게 흡족하다면) 관심을 끈다. 우리가 제1장에서 보았듯이 '의무이기 때문에' 하는 행위의 경우, 대상에 대한 관심이 아니라 순수하게 행위 자체와 이성 안에서 그 행위의 원칙(법칙)에 주목해야만 하는 것이다.*

* (옮긴이주) 흡족하다고 느끼는 것은 감각을 통해 이루어진다. 따라서 흡족하기 때문에 한다는 것은 주관적인 원인에서 비롯된 것이므로 보편적으로 적용될 수 없다는 말이다.

19 (옮긴이주) 신의 의지는 항상 객관적 법칙에 일치하므로 명령법이 필요 없지만, 인간의 의지는 항상 객관적 법칙에 일치하는 것이 아니므로 일치하도록 강제하는 명령법이 필요하다는 뜻이다. 여기에서 칸트는 '하려고 한다'와 의지를 거의 구분 없이 사용하고 있다.

20 (저자주) 영리함이라는 단어에는 두 가지 의미가 있다. 하나는 '세상살이의 영리함Weltklugheit'이고, 다른 하나는 '자기 삶의 영리함Privatklugheit'이라고 부를 수 있다. '세상살이의 영리함'은 다른 사람에게 영향을 미쳐서, 자기의 의도를 달성하기 위해 그 사람을 이용하는 데 숙달된 것이다. '자기 삶의 영리함'은 자기 자신의 장기적 이익을 위해 앞의 모든 의도를 결합하는 통찰력이다. '세상살이의 영리함'도 원래 '자기 삶의 영리함'을 위해 있는 것이지만, 세상살이에 영리한 사람이라고 해서 자기 삶에서도 영리한 것은 아니다. 그래서 '그 사람은 꾀 많고 교활하지만 전체적으로는 영리하지 못하다'고 말할 수 있는 것이다.

21 (저자주) 내가 보기에 실용적이라는 단어의 원래 의미는 이렇게 해서 가장 정확하게 규정된다. 왜냐하면 시행령을 실용적이라고 부르는데, 그것이 원래 국가의 권리에서 필연적인 법칙으로 나온 것이 아니라 일반적 복지를 배려해서 나온 것이기 때문이다. 역사가 만약

사람들을 영리하게 만든다면, 즉 세상이 자기의 이익을 지난 시대보다 더 잘, 또는 최소한 같은 정도로 챙길 수 있는 방법을 가르쳐준다면 그 역사는 실용적으로 쓰여진 것이다.

22 (옮긴이주) 경험 세계에서는 원인이 반드시 있어야 하므로, 우리가 원인을 알지 못한다고 해서 원인이 없는 것은 아니다.

23 (저자주) 나는 어떤 경향성에서 나온 조건을 달지 않고, 의지를 실행과 선험적으로, 따라서 필연적으로(비록 객관적으로만, 즉 모든 주관적 동인을 완전히 지배하는 이성이라는 이념에서만일지라도) 결합한다. 그러므로 이것은 하나의 실천적인 명제인데, 이러한 명제는 어떤 한 행위를 '하려고 한다'는 것을 이미 전제된 다른 행위를 '하려고 한다'는 것에서 분석적으로 이끌어내지 않고(우리에게 그런 완전한 의지가 없기 때문이다), 어떤 행위를 '하려고 한다'는 것을 그 안에 포함되어 있지 않은 이성적인 존재로서의 의지라는 개념에 직접 결합한다[어떤 한 행위를 바란다면, 이 행위를 반드시 해야 한다고 분석적으로 도출하는 가언적 명령법이 아니라, 목적이 되는 다른 행위와 매개하지 않고서도 이성적인 존재라면 누구나 그 행위를 하려고 한다라고 이성적인 존재와 의지를 결합한다. 이성적인 존재라면 누구나 의지한다는 개념은 어떤 한 행위를 하려고 한다는 것 안에는 들어 있지 않다. 따라서 분석적이지 않으며, 경험적이지도 않다].

24 (저자주) 준칙은 행위의 주관적인 원칙이고, 객관적인 원칙, 즉 실천적인 법칙과 구별되어야 한다. 준칙은 실천적인 규칙을 담고 있는데, 이성이 주체의 조건에(때로는 주체의 무지에, 또는 경향성에) 맞춰 그 규칙을 결정한다. 따라서 주체가 그것에 따라 행위하는 근본 법칙이다. 그러나 법칙은 모든 이성적 존재에게 적용되는 객관적인 원칙이고, 그것에 따라 행위해야만 하는 근본 법칙, 즉 명령법이다.

25 (저자주) 여기서 잊지 말아야 할 것은, 내가 의무의 구분을 미래의

도덕 형이상학을 위해 완전히 미루어두었고, 따라서 여기에서는 (예를 들기 위해) 단지 내 마음대로 구분한다는 점이다. 그 밖에도 나는 여기서 완전한 의무를, 경향성 때문에 예외를 두는 일이 전혀 없는 것으로 이해한다. 그래서 나는 외적인 완전한 의무뿐만 아니라 내적인 완전한 의무도 지는데, 이것은 학교에서 채택하는 용어법에 어긋나는 것이다. 그러나 여기서 변호할 생각은 없는데, 사람들이 승인하든 말든 내가 의도한 것에는 마찬가지이기 때문이다.

26 (옮긴이주) 예를 들어 거짓 약속을 할 때, 우리는 '거짓 약속을 해도 좋다'는 나의 준칙이 보편적인 법칙이 되기를 바랄 수 없다. 그렇게 되면 곧 나의 거짓 약속이 효력이 없어지기 때문이다. 오히려 그런 나의 준칙에 반대되는 것, 즉 '거짓 약속을 하지 말라'는 것이 보편적인 법칙으로 남고, '거짓 약속을 해도 좋다'는 나의 준칙이 이번 한 번만 예외로 남기를 바라는 것이다. 그래야 거짓 약속이 효력을 갖기 때문이다.

27 (옮긴이주) 나의 준칙이 보편적 법칙의 예외가 되어야 한다고 생각하는 것은 사실상 보편적 법칙을 인정하지 않는 것이다. 보편성과 단순한 일반적 타당성을 혼동해서는 안 되는데, 보편성은 결코 예외를 두지 않지만 일반적 타당성은 예외를 둘 수도 있다. 예를 들어 '거짓말을 하지 말라'는 것이 보편적인 도덕 법칙이라면 어떠한 경우에도, 거짓말을 해서 사람의 목숨을 구할 수 있는 경우에도 그것을 어겨서는 안 되지만, 그것이 단지 많은 사람들이 일반적으로 지켜온 것이고 그래서 경험적으로 유효한 것이라면, 위기의 순간에 예외를 인정할 수 있는 것이다.

28 (옮긴이주) 로마 신화에서 익시온Ixion은 구름을 쥬피터의 아내인 주노Juno로 착각해서 껴안고, 그렇게 해서 반인반마인 켄타우루스 종족의 아버지가 된다.

29 (저자주) 참된 모습의 덕을 본다는 것은 감각적인 것들의 모든 혼합물과 포상이나 자기애와 같은 모든 가짜 장신구를 벗어버린 도덕성을 의미할 뿐이다. 이때 경향성을 자극하는 모든 것들이 덕에 가려 얼마나 보잘것없어지는지는, 이성을 조금만 사용하면 누구라도 알 수 있다. 다만 그의 이성이 아무것도 추상할 수 없을 정도로[경험 없이는 생각할 수 없을 정도로] 완전히 망가지지 않았다면 말이다.

30 (옮긴이주) 자의Willkür는 '선택 의지'라고 옮기기도 한다. 칸트는 인간의 '자의'가 감각적인 것에서 영향을 받아 움직인다는 점에서 '감수적'이라고 한다. 이와 마찬가지로 감각적인 것의 영향을 받아서 움직이는 '동물적'자의와 구별하는데, 동물적인 '자의'는 감각적인 것에 의해 필연적으로 움직이는 반면 인간의 자의는 감각적인 것에 의해 필연적으로 결정되는 것이 아니기 때문이다. 인간은 감각적 충동의 강제에서 벗어나서 스스로 결정할 수 있는 능력을 갖고 있고, 따라서 인간의 자의는 '자유로운 선택 의지'이다.

31 (저자주) 나는 여기서 이 명제를 하나의 요청으로 제시한다. 이렇게 하는 이유는 마지막 장에서 밝히겠다.

32 (저자주) 여기서 '네가 당하고 싶지 않은 일을 [남에게 행하지 말라] 운운quod tibi non vis fieri etc'하는 진부한 말이 규준Richtschnur이나 원칙으로 쓰일 수 있다고 생각해서는 안 된다. 왜냐하면 그것은 여러 가지 조건이 따르겠지만 결국은 원칙에서 도출되었을 뿐이기 때문이다. 즉 그것은 결코 보편적인 법칙이 될 수 없는데, 그것이 자기 자신에 대한 의무의 근거나 타인에 대한 사랑의 의무의 근거를 담고 있지 않고(자기가 다른 사람에게 자선을 베풀지 않아도 될 때, 다른 사람이 자기에게 자선을 베풀지 않아도 좋다는 것에 기꺼이 동의할 사람은 많을 것이기 때문이다[그렇게 동의한 사람에게는 어려운 사람을 도와야 할 자선의 의무가 없어질 것이다]), 결국 서로에게 빚지고 있는

의무의 근거를 담고 있지 않기 때문이다. 즉 범죄자도 이것['네가 당하고 싶지 않은 일을 남에게 행하지 말라']을 근거로 자기를 벌주려는 재판관에게 따질 것이기 때문이다.

33 (옮긴이주) 목적 그 자체가 의미하는 것이 나에게 분명하다면, 목적 그 자체인 타인이 추구하는 행복이라는 목적은 당연히 나의 목적이 된다.

34 (옮긴이주) 목적의 원칙에서 인간성은 객관적인 목적이지 주관적 목적이 아니다. 주관적인 목적은 각자가 세운 목적이지만, 객관적 목적은 법칙이므로 주관이 세운 목적과는 상관없고 오히려 그 주관적 목적을 제약한다.

35 (옮긴이주) 자기 이익—관심—을 행위의 법칙으로 삼는 의지에는 다시 그 법칙이 보편적인지 점검하는 더 상위의 법칙이 필요하다.

36 (저자주) 여기서 이 원칙을 설명하기 위해 예를 들지 않아도 될 것이다. 왜냐하면 처음에 정언적 명령법과 그 표현 양식을 설명해준 예가 여기에서도 같은 목적으로 쓰일 수 있기 때문이다.

37 (옮긴이주) 보편적인 실천적 법칙을 주는 의지를 다시 그것이 보편적일 수 있는지 검토할 대상으로 삼는 그런 의지(최상의 보편적인 법칙을 주는 의지)가 주체에게 법칙으로 제시한 것(즉 준칙)에 따라 행위하라고 명령하는 것이 바로 정언적 명령법(내용은 없고 형식만 있다)이라는 것이다.

38 (옮긴이주) 자기 행위의 주관적 원칙인 준칙을 세우는 일이 동시에 모든 이성적인 존재에게 적용될 수 있는 그런 보편적인 법칙이 될 수 있도록 법칙을 만드는 것이 가능하다고 생각하면서 행위하라.

39 (옮긴이주) 신의나 친절한 행위가 곧 이익과 만족을 준다고 생각하는 성향에 따라 하는 행위도 아니고, 이런 것 없이 자기의 마음이 곧 신의나 친절에 끌려서 하는 행위도 아니다.

40 (옮긴이주) 바이셰델판에서는 '준칙'이라고 표기하고 있다.

41 (저자주) 목적론은 자연을 목적의 나라로 간주하고, 도덕은 가능한 목적의 나라를 자연의 나라로 간주한다. [도덕은 이념으로서만 가능한 도덕의 나라를 현실의 자연 법칙과 조화를 이루는 나라로 생각한다.] 목적론에서 목적의 나라는 '지금 있는 것'을 설명하기 위한 이론적인 이념이다. 도덕에서 목적의 나라는, '지금은 있지 않지만' 우리가 무엇을 하거나 하지 않음으로써 현실화할 수 있는 것을 이 목적의 나라라는 이념에 맞도록 생겨나게 하는 실천적인 이념이다.

42 (옮긴이주) 절대적으로 선한 의지의 주체, 즉 이성적인 존재는 모든 목적이 그것을 위해 있지만 그 자신은 다른 것을 위한 목적이 될 수 없기 때문에 목적 그 자체이다.

43 (옮긴이주) 한편으로는 인간성의 존엄성이 의지에게 지시한다는 것, 즉 의지의 동기가 된다는 것, 다른 한편으로는 의지의 준칙이 모든 동기에서 독립해야 한다는 것, 이 두 가지 사실이 역설적이다.

44 (옮긴이주) 목적의 나라와 자연의 나라가 조화를 이루어, 목적의 나라의 구성원으로서 한 행위가 자연의 나라에서 보상(행복)을 받게 되어 목적의 나라가 현실에서 실현된다고 해도 목적의 나라라는 이념의 가치가 커지는 것은 아니다. 즉 도덕적인 행위에 대한 보상이 주어진다고 해서 보상이 주어지지 않는 경우보다 그 행위의 가치가 더 높아지는 것은 아니다.

45 (저자주) 나는 '도덕적 감정'의 원칙을 행복의 원칙에 넣는데, 모든 경험적인 관심은 다만 어떤 것이 가져다 주는 흡족함Annehmlichkeit을 통해 잘 사는 데 기여할 것을 약속하기 때문이다. 이때 그 어떤 것이 직접적으로 이익을 생각하지 않고 생겼든 이익을 고려해서 생겼든 상관없다. 마찬가지로 허치슨Francis Hutcheson*에 따르면, 타인의 행복에 대한 공감의 원칙을 그가 가정한 '도덕적인 감관'의 원칙

에 넣어야만 한다.

* (옮긴이주) 허치슨(1694~1746)은 도덕 이론과 미학에 크게 기여한 영국의 철학자이다. 그는 존 로크에게서 영향을 받았지만, 도덕이 객관적 대상을 갖지 않는, 마음이 만들어낸 관념이라는 로크의 입장을 받아들이지 않는다. 대신 인간에게는 '도덕감moral sense'이라는 것이 있어 악행과 선행을 구별할 수 있고, 악행을 보면 불쾌를, 선행을 보면 쾌감을 느끼는 것으로 보았다. 따라서 도덕성의 근거를 인간의 자연적 소질에서 찾는다는 비판을 받는다.

46 (옮긴이주) '도덕적 감정'이 도덕성의 기초라고 주장하는 사람은, 우리가 덕행이나 덕이 있는 사람을 보면서 느끼는 만족이나 존경하는 마음이 그들이 가져올 다른 이익이나 행복 때문이 아니라, 바로 '덕' 때문이라고 생각해서 덕을 높이 평가한다. 단지 이 점에서 이들은 단지 어떤 행위가 가져다주는 이익을 동기로 삼는 '자기 행복의 원칙'을 도덕성의 기초로 주장하는 사람들보다 낫다.

47 (옮긴이주) 어떤 근거에서든 우리 인간의 의지가 자유롭다고 하려면, 모든 이성적인 존재도 똑같이 자유롭다고 할 수 있는 근거가 있어야 한다.

48 (저자주) 우리의 의도에 맞춰 이성적인 존재가 행위를 할 때, 단순히 이념 안에서in der Idee 근거로 삼는 자유만을 [한정해서] 받아들이는 길을 택하는 것은, 그렇게 함으로써 자유를 그 이론적 의도로 증명해야 한다는 구속을 받지 않아도 되기 때문이다. 왜냐하면, 비록 자유를 이론적 의도에서 증명하지 않은 채 둔다고 하더라도 실제로 자유로운 존재[천사나 신]를 구속하게 될 법칙과 똑같은 법칙이 자기 자신의 자유라는 이념을 통해서가 아니면 달리 행위할 수 없는 존재[인간]에게도 적용되기 때문이다. 그러므로 우리는 여기에서 이론적으로 증명하라는 부담에서 벗어날 수 있다.

49 (옮긴이주) 자유는 어떻게 가능한가, 이성적인 존재가 자유롭게 의지하기 때문이다, 즉 이성적인 존재의 의지의 자율성 때문이다, 이것은 어떻게 가능한가, 이성적인 존재가 자유의 이념에 따라 행위하기 때문이다 등을 살펴볼 때 이미 의지가 자율적이라는 것이 전제되어 있다.

50 (옮긴이주) 행복이나 불행에 관심을 갖지 않는 것이 인격, 즉 도덕적 주체의 성질이지만, 만약 인격성 때문에 행복해질 수 있다면 우리가 그 인격성에 관심을 가질 수 있다는 것이다. 즉 행복해지기 위해서 도덕적인 것은 아니지만, 도덕적인 것이 행복을 가져다준다면 이때문에 도덕적인 것에 관심이 생기는 것은 인정한다는 것이다.

51 (옮긴이주) 우리는 사물 그 자체를 알 수는 없지만, 그래도 사물 그 자체가 있어서 우리에게 현상된다는 것은 인정하고 받아들여야 한다.

52 (옮긴이주) 어떤 행위가, 이성적인 존재의 의지가 원인이 되어 일어났다는 것을 통찰할 수 없는 것은 우리가 의지를 직접적으로 알지 못하기 때문이다.

53 (저자주) 관심은 이성을 실천적이게, 즉 의지를 결정하는 원인이 되게 하는 것이다. 그래서 사람들이 이성적인 존재에 대해 말할 때, 이성 없는 피조물은 감각적인 충동만을 느끼는 것에 반해, 오직 이성적인 존재만이 관심을 갖는다고 한다. 이성은 행위의 준칙이 보편적으로 적용된다는 것이 의지를 결정하는 충분한 근거가 되는 때, 그때에만 행위에 직접적인 관심을 갖는다. 오직 그러한 관심만이 순수하다. 그러나 이성이 욕망의 다른 객체[욕망되는 다른 것]를 통해서만 의지를 결정할 수 있거나 주체의 특별한 감정[도덕적 감정]을 전제해서 결정할 수 있다면, 이성은 행위에 다만 간접적인 관심만을 갖는 것이다. 그런데 경험이 없다면 이성 혼자서는 의지의 대상도, 그것의 근거가 되는 특별한 감정[도덕적 감정]도 발견할 수 없기 때

문에 앞의 간접적인 관심은 다만 경험적일 뿐이고 결코 순수한 '이성의 관심'이 아닐 것이다. 이성의 논리적 관심(자기의 통찰을 증진하려는)은 결코 직접적인 것이 아니며, 이성을 사용하는 의도를 전제하고 있다. [이론적인 이성의 관심은, 이성이 어디에 사용될지를 고려하고 있기 때문에 경험적이고, 따라서 간접적이다.

54 이 책 33쪽을 보라.

55 이 책 35쪽 이하를 참고하라.

56 이 책 39쪽을 보라.

57 이 책 61쪽을 보라.

58 이 책 76쪽을 보라.

59 이 책 76쪽을 보라.

60 이 책 78쪽을 보라.

61 이 책 86쪽 이하를 참고하라.

62 이 책 89쪽 이하를 참고하라.

63 이 책 98쪽을 보라.

64 이 책 97쪽을 보라.

65 이 책 101~102쪽을 보라.

66 이 책 123쪽을 보라.

67 이 책 121쪽 이하를 참고하라.

68 이 책 124쪽을 보라.

69 이 책 124쪽을 보라.

70 이 책 126쪽을 보라.

71 이 책 128쪽 이하를 참고하라.

72 이 책 135쪽을 보라.

73 이 책 142쪽을 보라.

강영안, 《도덕은 무엇으로부터 오는가》(소나무, 2000)

칸트의 도덕 철학은 단지 도덕성의 기초를 찾는 것에서 그치지 않고, 인간의 궁극적 목적과 관련해서 도덕성을 해명하려고 한다. 따라서 칸트의 도덕 철학을 연구할 때 그의 종교 철학, 역사 철학을 고려하지 않을수 없다. 이 책은 도덕 법칙과 자유의 관계에서 출발하여, 목적의 나라와이성 신앙을 거쳐, 악의 문제에 이르기까지 칸트의 도덕 철학 전체를 유려한 문체로 풀어내고 있다.

랄프 루드비히, 《정언명령》, 이충진 옮김(이학사, 1999)

〈쉽게 읽는 철학〉 시리즈 중 한 권으로 칸트의 도덕 철학을 정언적 명령법을 중심으로 누구라도 쉽게 이해할 수 있도록 친절하게 설명하고 있다. 전반부에서는 칸트 철학 전체에서 도덕 철학이 차지하는 위치를 친절하게 소개하고 있고, 후반부에서는 좀더 깊이 있는 연구를 위한 안내가 있다. 이 책은 칸트의 정언명령의 도출과정과 여러 표현형식을, 우리가 일상생활에서 접할 수 있는 다양한 실례를 통해 제시한다.

랠프 워크, 《칸트》, 이상헌 옮김(궁리, 2002)

〈위대한 철학자〉 시리즈 중 한 권으로 짧은 책이지만, 칸트의 도덕 철학

전반에 걸친 일관된 해석을 접할 수 있다. 특히 저자는 단순히 칸트의 도덕 철학을 요약, 정리하는 것이 아니라 칸트 연구자로서의 자신의 입장을 통해 칸트의 도덕 철학에서 다루고 있는 쟁점들에 대한 논리 정연한 해석을 시도한다. 칸트의 도덕 철학에서 쟁점이 되고 있는 문제를 대부분 다루고 있다는 점에서 입문서로서의 역할뿐 아니라, 연구서로서의 가치도 지닌다.

오트프리트 회페, 《임마누엘 칸트》, 이상헌 옮김(문예출판사, 1997)
칸트가 철학의 과제로 제시한 세 가지 물음, 즉 '나는 무엇을 알 수 있는가?', '나는 무엇을 해야 하는가?', '나는 무엇을 희망해도 좋은가?'라는 물음들을 중심으로 칸트 철학 전반을 포괄적으로 조망하면서, 각 물음을 세부적으로 설명하고 있다. 또한 칸트의 철학이 형성되어가는 과정과 칸트 이후에 그의 철학이 수용되고 발전되어가는 과정까지도 다루고 있어서, 칸트 철학을 전체적으로 조감하는 데 큰 도움이 된다.

이마누엘 칸트, 《실천이성 비판》, 백종현 옮김(아카넷, 2002)
《도덕 형이상학을 위한 기초 놓기》에서 칸트가 자신의 도덕 철학의 핵심을 포괄적으로 제시하고 있다면, 《실천이성 비판》은 그 사상을 체계적으로 전개하고 있다. 따라서 두 책은 서로 독립된 저술이면서도, 서로 보완하는 관계라고 할 수 있다. 칸트의 도덕 철학을 본격적으로 공부하려는 사람이라면 《순수이성 비판》과 마찬가지로 반드시 읽어야 하는 책이다. 새롭게 번역된 백종현의 《실천이성 비판》은 본문 번역뿐 아니라, 해제와 관련 연구 논문이 함께 실려 있으며, 부록으로 칸트의 주요 용어를 해설하고 칸트 관련 주요 문헌을 정리하고 있다. 초심자뿐 아니라 본격적인 연구자에게도 큰 도움이 될 것이다.

프리드리히 카울바하, 《칸트 비판철학의 형성과정과 체계》, 백종현 옮김(서광사, 1992)

칸트가 사고방식의 '코페르니쿠스적 전환'을 통해서 자신의 비판철학을 형성하는 과정과 그렇게 해서 이룩된 비판철학의 체계를 논리 정연하게 제시한 입문서이자 연구서이다. 특히 칸트가 자신의 철학을 형성해가는 다양한 사유 동기들을 상세히 다루고 있다. 이 책은 처음 칸트 철학을 접하는 독자보다는 칸트 철학의 전반적인 흐름을 파악하고 있는 독자에게, 그의 철학을 더욱 깊이 있게 이해할 수 있는 기회를 제공할 것이다.

허버트 J. 페이튼, 《칸트의 도덕 철학》, 김성호 옮김(서광사, 1988)

칸트의 《도덕 형이상학을 위한 기초 놓기》를 중심으로 그의 도덕 철학에 등장하는 거의 모든 문제를 상세하게 다루고 있어서, 《도덕 형이상학을 위한 기초놓기》에 대한 하나의 훌륭한 주석서 역할을 한다. 페이튼은 이 책을 통해서 칸트의 도덕 철학이 받았던 단순한 '형식주의'라는 비판이 오해에 바탕하고 있다는 것을 보여줌으로써, 칸트의 도덕 철학 연구에 새로운 장을 열었다. 원제가 《정언명법*The Categorical Imperative : A Study in Kant's Moral Philosophy*》인 이 책 자체가 이미 하나의 고전이 되어, 칸트 도덕 철학을 올바르게 이해하는 데 있어 빠뜨릴 수 없게 되었다.

옮긴이에 대하여 ————————————

이원봉 evorevo@hanmail.net

경남 진주에서 태어나 부산에서 고등학교까지 다녔다.
문학과 독일어가 좋아서 서강대학교 독문학과에 입학했지만, 인간과 세계에 대한 근원적인 물음에 이끌려 철학을 만났다. 이후 독문학과를 졸업하고서 같은 학교 대학원 철학과에 진학했다.
대학원에서 〈칸트 법철학에서 소유의 정당화 문제〉라는 논문으로 석사학위를 받았다. 이후 칸트의 실천철학에 대한 연구를 계속하면서, 구체적인 현실문제에서 칸트의 도덕 이론을 적용할 수 있는 가능성을 모색하고 있다.
서강대학교 부설 생명문화연구소의 연구원으로 활동하면서, 서강대, 가톨릭대 등에서 강의하고 있다.

도덕 형이상학을 위한 기초 놓기

초판 1쇄 발행 2002년 11월 15일
개정 1판 1쇄 발행 2019년 2월 8일
개정 1판 4쇄 발행 2024년 4월 12일

지은이 이마누엘 칸트
옮긴이 이원봉

펴낸이 김준성
펴낸곳 책세상
등록 1975년 5월 21일 제2017-000226호
주소 서울시 마포구 동교로23길 27, 3층 (03992)
전화 02-704-1251
팩스 02-719-1258
이메일 editor@chaeksesang.com
광고·제휴 문의 creator@chaeksesang.com
홈페이지 chaeksesang.com
페이스북 /chaeksesang   **트위터** @chaeksesang
인스타그램 @chaeksesang   **네이버포스트** bkworldpub

ISBN 979-11-5931-335-6 04160
     979-11-5931-221-2 (세트)